www.ingramcontent.com/pod-product-compliance
Lightning Source LLC
Chambersburg PA
CBHW080631170426
43209CB00008B/1543
9781778921315

به نام خالق عشق

انتشارات بین المللی کیدزوکادو
و انتشارات پارسیان البرز
تقدیم می کنند

ليلی و مجنون

حکیم نظامی گنجه‌ای

سریال کتاب: H2425100200
عنوان : لیلی و مجنون
پدیدآورنده: حکیم الیاس نظامی گنجوی
تصحیح : حسن وحید دستگردی
ویراستاری: سید علی هاشمی
گردآوری و نسخه خوانی: مهری صفری اسکویی
صفحه آرایی:صفحه‌آرایی: یاسر صالحی،محبوبه لعل‌پور
طراح جلد: زهرا بگدلی، نغمه کشاورز
شابک: ISBN 978-1-77892-131-5
موضوع: **شعر، مثنوی‌های عاشقانه**
متا دیتا: Farsi، Poem
مشخصات کتاب: **گالینگور ، رنگی**
تعداد صفحات : 206
تاریخ نشر در کانادا: April 2024
به کوشش: سید علی هاشمی، نغمه کشاورز
انتشارات همکار: موسسه انتشارات پارسیان البرز
منتشر شده توسط: خانه انتشارات کیدزوکادو ونکوور، کانادا

Kidsocado Publishing House

خانه انتشارات کیدزوکادو
ونکوور، کانادا
تلفن : +۱ ۸۲۲ ٦۲۲ ۸٦٥٤
واتس آپ: +۱ ۲۳٦ ۳۲۲ ۷۲٤۸
ایمیل : info@kidsocado.com
وبسایت انتشارات:https://kidsocadopublishinghouse.com
وبسایت فروشگاه:https://kphclub.com

پند اَر چه هزار سودمند است

چون عشق آمد، چه جای پند است؟

مقدمه

الیاس، پسر یوسف، با نام هنری «نظامی» از شاعران و داستان‌سرایان بزرگ فارسی‌زبان در قرن ششم هجری است که در شهر گنجه (امروزه در کشور آذربایجان قرار دارد) زندگی می کرده است. آنچنان که از آثار این شاعر مشخص است، گویا مادر او از ایرانیان کردنژاد و پدرش، احتمالاً از اهالی تفرش یا فراهان بوده است. با وجود این، اطلاعات دقیق بیشتری دربارهٔ زندگی این شاعر وجود ندارد.

کتاب «لیلی و مجنون» یکی از آثار معروف نظامی گنجوی است. این کتاب یکی دیگر از تجربه‌های موفق نظامی در سرودن مثنوی‌های عاشقانه است. نظامی این کتاب را به درخواست حاکم شروان سروده است. داستان لیلی و مجنون برگرفته از ادبیات فولکلور عرب است که با طبع لطیف نظامی، رنگ و بویی نو به خود گرفته است. نظامی در سرودن این منظومه تمام تلاش خود را به کار گرفته که فضای خشن و بدوی محل وقوع داستان را لطافت بخشد.

مجموعهٔ حاضر، با هدف گسترش ارتباط ایرانیان و فارسی‌زبانان سراسر دنیا با اشعار نظامی گنجوی آماده شده است. در این اثر، مثنوی پرسوز و گداز لیلی و مجنون به شکلی زیبا و درست فراهم شده و به حضور شما خواننده گرامی تقدیم می‌شود. چاپ‌های متعددی از کتاب لیلی و مجنون نظامی توسط پژوهشگران و اندیشمندان زبان و ادبیات فارسی منتشر و روانه بازار شده است که هر یک در جایگاه خود، حائز اهمیت و قدر و ارزش هستند؛ اما از آنجا که بنای ما در این اثر بر ارائهٔ یک اثر کم‌غلط و خواندنی برای عموم مردم بوده است، دست از نکته‌سنجی‌های موشکافانه کشیدیم و آن را به فرصتی دیگر وانهادیم؛ ازاین‌رو کتاب حاضر را با ویرایش مناسب و بر مبنای چاپ استاد حسن وحید دستگردی از کتاب لیلی و مجنون نظامی فراهم کردیم. امیدواریم که این تلاش، بتواند جلوه‌گر فرهنگ عظیم ایران باشد.

شاد و سرخوش و خوشدل باشید.

فهرست مطالب

به نام ایزد بخشاینده ۱۳
نعت پیغمبر اکرم (ص) ۱۸
معراج پیغمبر ۲۰
برهان قاطع در حدوث آفرینش ۲۴
آغاز برهان ۲۴
سبب نظم کتاب ۲۹
در مدح شروانشاه اخستان بن منوچهر ۳۴
خطاب زمین‌بوس ۳۸
سپردن فرزند خویش به فرزند شروانشاه ۴۰
در شکایت حسودان و منکران فرماید ۴۲
عذر شکایت ۴۴
در نصیحت فرزند خود، محمّد نظامی ۴۵
خوبی کم‌گویی ۴۷
یاد کردن بعضی از گذشتگان خویش ۴۷
یادآوری از پدر ۴۸

۸

لیلی و مجنون

یاد مادر خود، رئیسه کرد	۴۸
یادآوری از خال خود، خواجه عمر	۴۸
یاد از همدمان رفته و همدمی با دیگران	۴۹
فراموشی از پیکر و جسم	۴۹
فراموشی از سرافرازی	۵۰
فراموشی از عمر رفته	۵۰
به ترک فروتنی و افتادگی گفتن	۵۱
تمثیل	۵۱
بیدادکش نباید بود	۵۲
به ترک خدمت پادشاهان گفتن	۵۲
به رزق و کار کسان دست‌اندازی نباید کرد	۵۳
خرسندی و قناعت	۵۳
با نشاط خدمت به خلق کردن	۵۴
افتادگی جوی تا بلند شوی	۵۴
در خلوت به سخن‌سرایی پرداختن	۵۵
آغاز داستان	۵۵
عاشق شدن لیلی و مجنون به یکدیگر	۵۹
در صفت عشق مجنون	۶۲
رفتن مجنون به نظاره لیلی	۶۴
رفتن پدر مجنون به خواستاری لیلی	۶۵

زاری کردن مجنون در عشق لیلی	۶۸
بردن پدر مجنون را به خانه کعبه	۷۳
آگاهی پدر مجنون از قصد قبیله لیلی	۷۶
پند دادن پدر مجنون را	۷۹
جواب دادن مجنون پدر را	۸۲
در احوال لیلی	۸۵
رفتن لیلی به تماشای بوستان	۸۸
خواستاری ابن سلام لیلی را	۹۲
رسیدن نوفل به مجنون	۹۴
عتاب کردن مجنون با نوفل	۹۸
جنگ کردن نوفل با قبیله لیلی	۹۹
عتاب کردن مجنون با نوفل	۱۰۳
مصاف کردن نوفل، بار دوم	۱۰۵
رهانیدن مجنون آهوان را	۱۱۰
آزاد کردن مجنون گوزنان را	۱۱۲
سخن گفتن مجنون با زاغ	۱۱۵
بردن پیرزن مجنون را در خرگاه لیلی	۱۱۷
دادن پدر لیلی را به ابن سلام	۱۲۰
بردن ابن سلام لیلی را به خانه خود	۱۲۴
آگاهی مجنون از شوهر کردن لیلی	۱۲۶

شکایت کردن مجنون با خیال لیلی	۱۲۹
رفتن پدر مجنون به دیدن فرزند	۱۳۲
جواب دادن مجنون پدر را	۱۳۷
وداع کردن مجنون، پدر را	۱۳۸
آگاهی مجنون از مرگ پدر	۱۴۱
انس مجنون با وحوش و سباع	۱۴۴
حکایت	۱۴۷
نیایش کردن مجنون به درگاه خدای تعالی	۱۴۹
نیایش مجنون با زهره	۱۵۲
نیایش مجنون با مشتری	۱۵۳
نیایش مجنون به درگاه یزدان	۱۵۳
رسیدن نامه لیلی به مجنون	۱۵۴
مفاد نامه لیلی به مجنون	۱۵۹
نامه مجنون در پاسخ لیلی	۱۶۳
آمدن سلیم عامری، خال مجنون، به دیدن او	۱۶۷
حکایت	۱۶۹
دیدن مادر، مجنون را	۱۷۱
آگاهی مجنون از وفات مادر	۱۷۳
خواندن لیلی مجنون را	۱۷۶
غزل خواندن مجنون نزد لیلی	۱۸۰

عنوان	صفحه
آشنا شدن سلام بغدادی با مجنون	۱۸۳
پاسخ مجنون به سلام بغدادی	۱۸۵
وفات یافتن ابن سلام، شوهر لیلی	۱۸۹
صفت رسیدن خزان و درگذشتن لیلی	۱۹۳
زاری کردن مجنون در مرگ لیلی	۱۹۶
وفات مجنون بر روضه لیلی	۱۹۹
آگاهی قبیله مجنون از وفات وی	۲۰۱
ختم کتاب به نام شروانشاه	۲۰۳

به نام ایزد بخشاینده

ای نام تو بهترین سرآغاز / بی‌نام تو نامه کی کنم باز؟
ای یاد تو مونس روانم / جز نام تو نیست بر زبانم
ای کارگشای هرچه هستند / نام تو کلید هرچه بستند
ای هیچ خطی نگشته ز اوّل / بی‌حجّت نام تو مُسَجَّل
ای هست کُنِ اساس هستی / کوته ز درت درازدستی
ای خطبهٔ تو تبارک‌الله / فیض تو همیشه بارَک‌الله
ای هفت عروسِ نه عَماری / بر درگه تو به پرده‌داری
ای هست نه بر طریق چونی / دانای برونی و درونی
ای هرچه رمیده وارمیده / در «کُن فیکون» تو آفریده
ای واهب عقل و باعث جان / با حکم تو هست و نیست یکسان
ای محرم عالم تحیّر / عالم ز تو هم تهیّ و هم پر
ای تو به صفات خویش موصوف / ای نهی تو منکَر، امر، معروف
ای امرِ تو را نَفاذ مطلق / وز امر تو کائنات مشتق
ای مقصد همّتِ بلندان / مقصود دل نیازمندان
ای سرمه‌کش بلندبینان / در باز کنِ درون‌نشینان
ای بر ورق تو درس ایّام / زآغاز رسیده تا به انجام
صاحب تویی، آن دگر غلاماند / سلطان تویی، آن دگر کداماند؟
راه تو به نور لایزالی / از شرک و شریک، هر دو خالی

لیلی و مجنون

در صُنع تو کآمد از عدد بیش — عاجز شده عقل علّت‌اندیش
ترتیب جهان چنان که بایست — کردی به مثابتی که شایست
بر اَبلَق صبح و اَدهَم شام — حکم تو زد این طویله را بام
گر هفت گره به چرخ دادی — هفتاد گره بدو گشادی
خاکستری ار ز خاک سودی — صد آینه را بدان زُدودی
بر هر ورقی که حرف راندی — نقش همه در دو حرف خواندی
بی کوه‌کنی ز کاف و نونی — کردی تو سپهر بیستونی
هرجا که خزینه‌ای شگرف است — قفلش به کلید این دو حرف است
حرفی به غلط رها نکردی — یک نکته درو خطا نکردی
در عالمِ عالم آفریدن — به زین نتوان رقم کشیدن
هر دم نه به حقّ دسترنجی — بخشی به من خراب گنجی
گنج تو به بذل کم نیاید — وز گنج کس این کرم نیاید
از قسمت بندگیّ و شاهی — دولت تو دهی به هر که خواهی
از آتش ظلم و دود مظلوم — احوال همه تو راست معلوم
هم قصّهٔ نانموده دانی — هم نامهٔ نانوشته خوانی
عقل آبله‌پای و کوی تاریک — وآنگاه رهی چو موی باریک
توفیق تو گر نه ره نماید — این عقده به عقل کی گشاید؟
عقل از درِ تو بصر فروزد — گر پای درون نهد، بسوزد
ای عقل مرا کفایت از تو — جُستن ز من و هدایت از تو
من بی‌دل و راه بیمناک است — چون راهنما تویی چه باک است؟

لیلی و مجنون

عاجـز شـدم از گرانـی بـار   طاقـت نـه، چگونـه بـاشد ایـن کار
می‌کوشـم و در تنـم تـوان نیست   کـآزرم تـو هسـت، بـاک ازان نیست
گر لطـف کنـی و گـر کنـی قهر   پیـش تـو یکـی است نـوش بـا زهر
شـک نیست در اینکـه من اسیرم   کـز لطـف زی‌اَم ز قهـر میـرم
یا شـربت لطـف دار پیشـم   یـا قهـر مکـن بـه قهـرِ خویشـم
گر قهـر سـزای ماسـت آخر   هـم لطـف بـرای ماسـت آخر
تـا در نفسـم عنایتـی هسـت   فتـراک تـو کـی گـذارم از دست؟
وآن دم کـه نفـس بـه آخـر آید   هـم خطبـهٔ نـام تـو سـراید
وآن لحظـه کـه مـرگ را بسـیجم   هـم نـام تـو در حنـوط پیچـم
چـون گَـرد شـود وجـود پسـتم   هرجـا کـه روم تـو را پرسـتم
در عصمـت این‌چنیـن حصـاری   شـیطان رجیـم کیسـت بـاری؟
چـون حـرز تـوام حمایـل آمـود   سـرهنگی دیـو کـی کنـد سـود؟
احـرام گرفتـه‌ام بـه کویـت   لبیک‌زنـان بـه جستجویـت
احرام‌شـکن بسـی اسـت، زنهـار   ز احـرام شکستنـم نگهـدار
مـن بی‌کـس و رخنه‌هـا نهانـی   هـان، ای کـس بی‌کسـان! تـو دانی
چـون نیست بـه جز تو دستگیرم   هسـت از کـرم تـو نـاگزیرم
یـک ذرّه ز کیمیـای اخـلاص   گر بر مس من زنی شـوم خاص
آنجـا کـه دَهـی ز لطـف، یک تاب زر گـردد خـاک و دُر شـود آب
مـن گـر گهـرم وگـر سفـالم   پیرایـهٔ توسـت روی‌مـالم
از عطـر تـو لافـد آسـتینم   گر عـودم و گـر درمنـه اینـم

پیش تو نه دین، نه طاعت آرم — اِفلاس تهی شفاعت آرم
تا غرق نشد سفینه در آب — رحمت کن و دستگیر و دریاب
بردار مرا که اوفتادم — وز مَرکَب جهل خود پیادم
هم تو به عنایت الهی — آنجا قدمم رسان که خواهی
از ظلمت خود رهایی‌ام ده — با نور خود آشنایی‌ام ده
تا چند مرا ز بیم و امّید — پروانه دهی به ماه و خورشید
تا کی به نیاز هر نوالم — بر شاه و شبان کنی حوالم
از خوان تو با نعیمتر چیست؟ — وز حضرت تو کریمتر کیست؟
از خرمن خویش ده زکاتم — مَنْویس به این و آن بَراتَم
تا مزرعهٔ چو من خرابی — آباد شود به خاک و آبی
خاکی ده از آستان خویشم — وآبی که دَغَل برد ز پیشم
روزی که مرا ز من ستانی — ضایع مکن از من آنچه مانی
وآن دَم که مرا به من دهی باز — یک سایه ز لطف بر من انداز
آن سایه نه کز چراغ دور است — آن سایه که آن چراغ نوراست
تا با تو چو سایه نور گردم — چون نور ز سایه دور گردم
با هر که نفس برآرم اینجا — روزیش فروگذارم اینجا
دَرهای همه ز عهد خالی‌ست — اِلا دَرِ تو که لایَزالی‌ست
هر عهد که هست در حیات است — عهد از پس مرگ بی‌ثبات است
چون عهد تو هست جاودانی — یعنی که به مرگ و زندگانی
چندان که قرار عهد یابم — از عهد تو روی برنتابم

بی‌یاد توام نَفَس نیاید | با یاد تو یاد کس نیاید
اول که نیافریده بودم | وین تعبیه‌ها ندیده بودم
کیمُخت اگر از زمیم کردی | باز از زَمی‌ام اَدیم کردی
بر صورت من ز روی هستی | آرایش آفرین تو بستی
واکنون که نشانه‌گاه جودم | تا باز عدم شود وجودم
هرجا که نشاندی‌ام، نشستم | وآنجا که بَریم، زیر دستم
گردیده رهیت من در این راه | گه بر سر تخت و گه بُن چاه
گر پیر بُوَم و گر جوانم | ره مختلف است و من همانم
از حال به حال اگر بگردم | هم بر رَقِ اوّلین نوردم
بی‌حاجتم آفریدی اول | آخر نگذاری‌ام معطل
گر مرگ رسد، چرا هراسم؟ | کان راه به توست، می‌شناسم
این مرگ نه، باغ و بوستان است | کو راه سرای دوستان است
تا چند کنم ز مرگ فریاد؟ | چون مرگ ازوست، مرگ من باد
گر بنگرم آن چنان که رای است | این مرگ نه مرگ، نَقل جای است
از خوردگهی به خوابگاهی | وز خوابگهی به بزم شاهی
خوابی که به بزم توست راهش | گردن نکشم ز خوابگاهش
چون شوق تو هست خانه‌خیزم | خوش خُسبم و شادمانه خیزم
گر بنده نظامی از سرِ درد | در نظم دعا دلیری‌ای کرد
از بحر تو بینم ابرخیزش | گر قطره برون دهد، مریزش
گر صد لغت از زبان گشاید | در هر لغتی تو را ستاید

هم در تو به صدهزار تشویر دارد رقم هزار تقصیر
ور دم نزنند چو تنگ‌حالان دانی که لغت زبان لالان
گر تن حبشی، سرشتهٔ توست ور خط ختنی، نبشتهٔ توست
گر هرچه نبشته‌ای بشویی شویم دهن از زیاده‌گویی
ور باز به داورم نشانی ای داور داوران، تو دانی
زان پیش کاجل فرارَسد تنگ و ایّام عنان ستاند از چنگ
رَه باز دِه از رهِ قبولم بر روضهٔ تربت رسولم

نعت پیغمبر اکرم (ص)

ای شاه‌سوار ملک هستی سلطان خِرَد به چیره‌دستی
ای خَتم پیمبران مُرسَل حلوای پسین و مِلحِ اول
نوباوهٔ باغ اوّلین صُلب لشکرکش عهد آخرین ثُلب
ای حاکم کشور کفایت فرمانده فتوی ولایت
هرک آرد با تو خودپرستی شمشیر ادب خورَد دودستی
ای بر سر سِدره گشته راهت وی منظر عرش پایگاهت
ای خاک تو توتیای بینش روشن به تو چشم آفرینش
شمعی که نه از تو نور گیرد از باد بروتِ خود بمیرد
ای قائل اَفصحُ القَبائل یک‌زخمیِ اَوضَحُ الدّلائل
دارندهٔ حجّت الهی دانندهٔ راز صبحگاهی
ای سیّد بارگاه کونین نَسّابهٔ شهر «قاب قوسین»
رفته ز ولای عرشِ والا هفتادهزار پرده بالا

ای صدرنشین عقل و جان هم — محراب زمین و آسمان هم
گشته زَمی آسمان ز دینت — نی، نی شده آسمان زمینت
ای شش جهت از تو خیره مانده — بر هفت فلک جنیبه رانده
شش هفت هزار سال بوده — کین دبدبه را جهان شنوده
ای عقل نواله‌پیچ خوانت — جان «بنده» نویس آستانت
هر عقل که بی‌تو، عقلِ بُرده — هر جان که نه مردهٔ تو، مرده
ای کینت و نام تو مؤیّد — بوالقاسم، وآن‌گهی محمّد
عقل ارچه خلیفه‌ای شگرف است — بر لوح سخن تمام حرف است
هم مُهر مؤیّدی ندارد — تا مِهر محمّدی ندارد
ای شاه مقربان درگاه — بزم تو ورای هفت خرگاه
صاحب‌طرف ولایت جود — مقصود جهان، جهان مقصود
سرجوش خلاصهٔ معانی — سرچشمهٔ آب زندگانی
خاک تو اَدیم روی آدم — روی تو چراغ چشم عالم
دوران که فَرَس‌نهادهٔ توست — با هفت فرس پیادهٔ توست

***

طوف حرم تو سازد انجم — در گشتن چرخ پی کند گم
آن کیست که بر بساط هستی — با تو نکند چو خاک پستی؟
اکسیر تو داد خاک را لَون — وز بهرِ تو آفریده شد کَون
سَرخِیل توییّ و جمله خیل‌اند — مقصود تویی، همه طفیل‌اند
سلطان سریر کایناتی — شاهنشه کشور حیاتی

لشکرگه تو سپهر خضرا / گیسوی تو چتر و غَمزه طغرا
وین پنج نماز کَاصل توبه است / در نوبتیِ تو پنج نوبه است
در خانهٔ دین به پنج بنیاد / بستی در صدهزار بیداد
وین خانهٔ هفت سقف کرده / بر چار خلیفه وقف کرده
صدّیق به صدق پیشوا بود / فاروق ز فرق هم جدا بود
وان پیر حیاییِ خداترس / با شیر خدای بود همدرس
هر چار ز یک نَوَرد بودند / ریحانِ یک آبخَورد بودند
زین چار خلیفه مُلک شد راست / خانه به چهار حد مهیّاست
زآمیزش این چهارگانه / شد خوش‌نمک این چهارخانه

***

دین را که چهار ساق دادی / زین‌گونه چهار طاق دادی
چون ابروی خوب تو در آفاق / هم جفت شد این چهار و هم طاق
از حلقهٔ دستبند این فرش / یک رقص تو تا کجاست؟ تا عرش

معراج پیغمبر

ای نقش تو مَعرَجِ معانی / معراج تو نقل آسمانی
از هفت خزینه در گشاده / بر چارگهر قدم نهاده
از حوصلهٔ زمانهٔ تنگ / بر فرق فلک زده شباهنگ
چون شب عَلَم سیاه برداشت / شبرنگ تو رقص راه برداشت
خلوتگه عرش گشت جایت / پرواز پری گرفت پایت
سر برزده از سرای فانی / بر اوج سرای اُمّ هانی

جبریل رسید طوق در دست / کز بهرِ تو آسمان کمر بست
بر هفت فلک دو حلقه بستند / نظّارهٔ توست، هرچه هستند
برخیز، هلا، نه وقت خواب است / مه منتظر تو آفتاب است
در نسخ عطارد از حروفت / منسوخ شد آیت وقوفت
زُهره طَبَق نثار بر فرق / تا نور تو کی برآید از شرق
خورشید به صورت هلالی / زحمت ز ره تو کرده خالی
مریّخ ملازم یتاقت / موکب‌رو کمترین وُشاقت
دَرّاجهٔ مشتری بدان نور / از راه تو گفته چشم بد دور
کیوان، عَلَم سیاه بر دوش / در بندگی تو حلقه در گوش
در کوکبهٔ چنین غلامان / شرط است برون شدن خرامان
امشب شب قَدرت است، بشتاب / قدر شب قدر خویش دریاب

***

ای دولتی آن شبی که چون روز / گشت از قدم تو عالم‌افروز
پرگار به خاک در کشیدی / جدول به سپهر بر کشیدی
برقی که بُراق بود نامش / رِفق روش تو کرد رامش
بر سُفتِ چنان نسفته تختی / طیّاره شدی چو نیک‌بختی
زآنجا که چنان یکاسبه راندی / دوران دواسبه را بماندی
رَبع فلک از چهارگوشه / داده ز درت هزار خوشه
از سرخ و سپید دخل آن باغ / «بخش نظر تو مُهر «ما زاغ
بر طُرّهٔ هفت بام عالم / نه طاس گذاشتی، نه پرچم

هم پرچم چرخ را گسستی
هم طاسک ماه را شکستی

طاوسِ پرانِ چرخِ اخضر
هم بال فکنده با تو، هم پر

جبریل ز همرهیت مانده
«الله معک» ز دور خوانده

میکائیلت نشانده بر سر
وآورده به خواجه‌تاش دیگر

اسرافیلت فتاده در پای
هم نیمرهت بمانده برجای

رَفرَف که شده رفیق راهت
برده به سَریر سدره‌گاهت

چون از سر سدره برگذشتی
اوراق حدوث درنوشتی

رفتی ز بساط هفت‌فرشی
تا طارم تنگبار عرشی

سُبّوح‌زنان عرش‌پایه
از نور تو کرده عرش سایه

از حجلهٔ عرش برپریدی
هفتاد حجاب را دریدی

تنها شدی از گرانی رخت
هم تاج گذاشتیّ و هم تخت

بازار جهت به هم شکستی
از زحمت تحت و فوق رستی

خرگاه برون زدی ز کَونَین
«در خیمهٔ خاص «قاب قوسین

هم حضرت ذوالجلال دیدی
هم سِرّ کلام حق شنیدی

از غایت وهم و غور ادراک
هم دیدن و هم شنودنت پاک

درخواستی آنچه بود کامت
درخواسته خاص شد به نامت

از قربت حضرت الهی
بازآمدی آن‌چنان که خواهی

گلزار شکفته از جَبینت
توقیع کرم در آستینت

آورده براتِ رستگاران
از بهرِ چو ما گناهکاران

ما را چه محل که چون تو شاهی
در سایهٔ خود کند پناهی؟

زآنجا که تو روشن‌آفتابی — بر ما نه شگفت اگر نتابی

دریای مروّت است رایت — خضرای نبوّت است جایت

شد بی‌تو به خلق بر مروّت — بربسته‌تر از درِ نبوّت

هرک از قدم تو سر کشیده — دولت قلمیش درکشیده

وان کو کمر وفات بسته — بر منظرهٔ ابد نشسته

باغ ارم از امید و بیمت — جِزیَت‌ده نافهٔ نسیمت

ای مصعدِ آسمان‌نَوَشته — چون گنج به خاک بازگشته

از سرعتِ آسمان‌خرامی — سرّی بگشای بر نظامی

موقوفِ نقاب چند باشی؟ — در بُرقَعِ خواب چند باشی؟

برخیز و نقاب رخ برانداز — شاهی دو سه را به رخ درانداز

این سفره ز پشت بار برگیر — وین پرده ز روی کار برگیر

رنگ از دو سیه‌سفید بزدای — ضدّی ز چهار طبع بگشای

یک‌عهد کن این دو بی‌وفا را — یک‌دست کن این چهارپا را

چون تربیت حیات کردی — حلّ همه مشکلات کردی

زان نافه به باد بخش طیبی — باشد که به ما رسد نصیبی

زان لوح که خواندی از بدایت — در خاطر ما فکن یک آیت

زآن صرف که یافتیش بی‌صرف — در دفتر ما نویس یک حرف

بنمای به ما که ما چه نامیم؟ — وز بتگر و بتشکن کدامیم؟

ای کار مرا تمامی از تو — نیروی دل نظامی از تو

زین دل به دعا قناعتی کن — وز بهرِ خدا شفاعتی کن

تا پردۀ ما فروگذارند ... وین پرده که هست، برندارند

برهان قاطع در حدوث آفرینش

در نوبت بار عام دادن ... باید همه شهر جام دادن
فیّاضۀ ابر جود گشتن ... ریحان همه وجود گشتن
باریدنِ بی‌دریغ، چون مُل ... خندیدن بی‌نقاب چون گل
هرجای چو آفتاب راندن ... در راه به بدره زر فشاندن
دادن همه را به بخشش عام ... وامیّ و حلال کردن آن وام
پرسیدن هر که در جهان هست ... کز فاقۀ روزگار چون رَست؟
گفتن سخنی که کار بندد ... زان قطره چو غنچه بازخندد
من کاین شِکَرم در آستین است ... ریزم که حریف نازنین است
بر جمله جهان فشانم این نوش ... فرزند عزیز، خود کند گوش
من بر همه تن شوم غذاساز ... خود قسم جگر بدو رسد باز

آغاز برهان

ای ناظر نقش آفرینش ... بردار خلل ز راه بینش
در راه تو هر که را وجودی‌ست ... مشغول پرستش و سجودی‌ست
بر طبل تهی مزن جرس را ... بیکار مدان نوای کس را
هر ذرّه که هست، اگر غباری‌ست ... در پردۀ مملکت به کاری‌ست
این هفت حصار برکشیده ... بر هزل نباشد آفریده
وین هفت رواقِ زیر پرده ... آخر به گزاف نیست کرده

لیلی و مجنون

کار من و تو بدین درازی --- کوتاه کنم که نیست بازی
دیباچهٔ ما که در نَوَرد است --- نز بهرِ هوی و خواب و خورد است
از خواب و خورش به ار بتابی --- کاین در همه گاو و خر بیابی
زان مایه که طبعها سرشتند --- ما را ورقی دگر نوشتند
تا درنگریم و راز جوییم --- سررشتهٔ کار بازجوییم
بینیم زمین و آسمان را --- جوییم یکایک این و آن را
کاین کار و کیایی از پی چیست؟ --- او کیست؟ کیای کار او کیست؟
هر خط که برین ورق کشیده‌ست --- شک نیست در آن که آفریده‌ست
بر هرچه نشانهٔ طرازی‌ست --- ترتیب گواه کارسازی‌ست
سوگند دهم بدان خدایت --- کاین نکته بدوست رهنمایت
کان آینه در جهان که دیده‌ست --- کاوّل نه به صیقلی رسیده‌ست؟
بی‌صیقلی آینه محال است --- هردم که جز این زنی، وبال است
در هرچه نظر کنی به تحقیق --- آراسته کن نظر به توفیق
منگر که چگونه آفریده‌ست --- کان دیده‌وری ورای دیده‌ست
بنگر که ز خود چگونه برخاست؟ --- وآن وضع به خود چگونه شد راست؟
تا بر تو به قطع لازم آید --- کان از دگری ملازم آید
چون رسم حواله شد به رسّام --- رَستی تو ز جهل و من ز دشنام
هر نقش بدیع کآیدت پیش --- جز مُبدِع او در او میندیش
زین هفت پرند پرنیان‌رنگ --- گر پای برون نهی، خوری سنگ
پنداشتی این پرندپوشی --- معلوم تو گردد ار بکوشی؟

سررشتهٔ راز آفرینش / دیدن نتوان به چشم بینش
این رشته قضا نه آنچنان تافت / کو را سرِ رشته وا توان یافت
سررشتهٔ قدرت خدایی / بر کس نکند گره‌گشایی
عاجز همه عاقلان و شیدا / کاین رقعه چگونه کرد پیدا؟
گر دانَد کس که چون جهان کرد / ممکن که تواند آن‌چنان کرد
چون وضع جهان ز ما محال است / چونیش برون‌تر از خیال است
در پردهٔ راز آسمانی / سرّی‌ست ز چشم ما نهانی
چندان‌که جَنیبه رانم آنجا / پی‌بُرد نمی‌توانم آنجا
در تختهٔ هیکل رقومی / خواندم همه نسخهٔ نجومی
بر هرچه ازان برون کشیدم / آرامگهی درون ندیدم
دانم که هر آنچه ساز کردند / بر تعبیه‌ایش بازکردند
هرچ آن نظری در او توان بست / پوشیده خزینه‌ای درآن هست
آن کن که کلید آن خزینه / پولاد بوَد، نه آبگینه
تا چون به خزینه در شتابی / شربت طلبی، نه زهر یابی

***

پیرامن هرچه ناپدید است / جدول‌کش، خود، خطی کشیده‌ست
وآن خط که ز اوج برگذشته / عطفی‌ست به میل بازگشته
کاندیشه چو سر به خط رساند / جز بازپس آمدن نداند
پرگار چو طوفساز گردد / در گام نخست بازگردد
این حلقه که گرد خانه بستند / ازبهرِ چنین بهانه بستند

تا هر که ز حلقه برکند سر / سرگشته شود چو حلقه بر در
در سلسلهٔ فلک مزن دست / کاین سلسله را هم آخری هست
گر حکم طبایع است، بگذار / کو نیز رسد به آخر کار
بیرون‌تر ازین حواله‌گاهی‌ست / کآنجا به طریق عجز راهی‌ست
زان پرده نسیم دِه نفس را / کو پردهٔ کژ نداد کس را
این هفت فلک به پرده‌سازی / هست از جهت خیال‌بازی
زین پرده ترانه ساخت نتوان / واین پرده به خود شناخت نتوان
گر پرده‌شناس ازین قیاسی / هم پردهٔ خود نمی‌شناسی
گر باربدی به لحن و آواز / بی‌پرده مزن دمی بر این ساز
با پرده‌دریدگانِ خودبین / در خلوت هیچ پرده منشین
آن پرده طلب که چون نظامی / معروف شوی به نیک‌نامی

***

تا چند زمین‌نهاد بودن / سیلی‌خور خاک و باد بودن
چون باد دویدن از پی خاک / مشغول شدن به خار و خاشاک
بادی که وکیل خرج خاک است / فرّاش گریوهٔ مغاک است
بستانَد ازین، بدان سپارد / گه مایه بَرَد، گهی بیارد
چندان‌که زَمی‌ست، مرز بر مرز / خاکی‌ست نهاده درز بر درز
گه زلزله، گاه سیل خیزد / زین سایَد خاک و زان بریزد
چون زلزله ریزد، آب ساید / درزی ز خریطه واگشاید
وان درز به صدمه‌های ایّام / وادی‌کده‌ای شود سرانجام

جویی که درین گِلِ خراب است — خاریدهٔ باد و چاکِ آب است
از کوی زمین چو بگذری باز — ابر و فلک است در تک‌وتاز
هر یک به میانهٔ دگر شرط — افتاده به شکل گوی در خرط
این شکلِ کُری نه در زمین است — هر خط که به گرد او، چنین است
هر دود کزین مغاک خیزد — تا یک دو سه نیزه برستیزد
وآن‌گه به طریق مِیلناکی — گردد به طواف دیر خاکی

***

ابری که برآید از بیابان — تا مصعد خود شود شتابان
بر اوج صعود خود بکوشد — از حد صعود برنجوشد
او نیز طواف دیر گیرد — از دایره مِیل می‌پذیرد
بینیش چو خیمه ایستاده — سر بر افقِ زمین نهاده
تا درنگری به کوچ و خیلش — دانی که به دایره‌ست میلش
هر جوهر فرد کاو بسیط است — میلش به ولایت محیط است
گردون که محیط هفت موج است — چندان‌که همی‌رود، در اوج است
گر در افق است و گر در اعلاست — هرجا که رود، به سوی بالاست
زآنجا که جهان‌خرامی اوست — بالاییِ او تمامیِ اوست
بالاطلبان که اوج‌جویند — بالای فلک جز این نگویند
نز علم فلک گره‌گشایی‌ست — خود در همه علم روشنایی‌ست
گر مایه جوی‌ست ور پشیزی — از چار گهر دروست چیزی
اما نتوان نهفت آن جُست — کین دانه در آب و خاک چون رُست؟

گر مایه زمین بدو رسانَد / بخشیدن صورتش چه دانَد؟
وآنجا که زمین به زیر پی بود / در دانه جمال خوشه کی بود؟
گیرم که ز دانه خوشه خیزد / در قالب صورتش که ریزد؟
در پردهٔ این خیال‌گردان / آخر سببی‌ست حال‌گردان
نزدیک تو آن سبب چه چیز است؟ / بنمای که این سخن عزیز است
داننده هرآن سبب که بیند / داند که مسبّب آفریند
زنهار! نظامیا! در این سیر / پابست مشو به دام این دیر

سبب نظم کتاب

روزی به مبارکیّ و شادی / بودم به نشاط کیقبادی
ابروی هلالی‌ام گشاده / دیوان نظامی‌ام نهاده
آیینهٔ بخت پیش رویم / اقبال به شانه کرده مویم
صبح از گل سرخ دسته بسته / روزم به نفس شده خجسته
پروانهٔ دل چراغ بر دست / من بلبل باغ و باغ سرمست
بر اوج سخن علم کشیده / در دُرج هنر قلم کشیده
منقار قلم به لعل سُفتن / درّاج زبان به نکته گفتن
در خاطرم اینکه وقت کار است / کاقبال رفیق و بخت یار است
تا کی نفس تهی گزینم؟ / وز شغل جهان تهی نشینم؟
دوران که نشاط فربهی کرد / پهلو ز تهی‌روان تهی کرد
سگ را که تهی بوَد تهیگاه / نانی نرسد تهی در این راه
بر سازِ جهان نوا توان ساخت / کان راست جهان که با جهان ساخت

گردن به هوا کسی فرازد / کو با همه چون هوا بسازد
چون آینه هر کجا که باشد / جنسی به دروغ برتراشد
هر طبع که او خلاف‌جوی است / چون پردهٔ کج خلاف‌گوی است
هان دولت، اگر بزرگواری / کردی ز من التماس کاری
من قرعه‌زنان به آن‌چنان فال / واختر به گذشتن اندران حال
مقبل که برد، چنان برد رنج / دولت که دهد، چنان دهد گنج
در حال رسید قاصد از راه / آورد مثال حضرت شاه
بنوشته به خطّ خوب خویشم / ده پانزده سطرِ نغز بیشم
هر حرفی از او شکفته‌باغی / افروخته‌تر ز شب‌چراغی
کای محرم حلقهٔ غلامی / جادوسخن جهان، نظامی
از چاشنیِ دمِ سحرخیز / سِحری دگر از سخن برانگیز
در لافگه شگفت‌کاری / بنمای فصاحتی که داری
خواهم که به یاد عشق مجنون / رانی سخنی چو دُرّ مکنون
چون لیلی بکر اگر توانی / بکری دو سه در سخن نشانی
تا خوانم و گویم این شکر بین / جنبانم سر که تاجِ سر بین
بالای هزار عشق‌نامه / آراسته کن به نوک خامه
شاه همه حرف‌هاست این حرف / شاید که درو کنی سخن صرف
در زیور پارسیّ و تازی / این تازه‌عروس را طرازی
دانی که من آن سخن‌شناسم / کابیات نو از کهن شناسم
تا ده‌دهی غَرایِبَت هست / ده‌پنج‌زنی، رها کن از دست

بنگر که ز حقّهٔ تفکر
در مُرسَلهٔ که می‌کشی دُر

ترکی صفت وفای ما نیست
ترکانه سخن سزای ما نیست

آن کز نسب بلند زاید
او را سخن بلند باید

چون حلقهٔ شاه یافت گوشم
از دل به دماغ رفت هوشم

نه زَهره که سر ز خط بتابم
نه دیده که ره به گنج یابم

سرگشته شدم درآن خجالت
از سستی عمر و ضعف حالت

کس محرم نه که راز گویم
وین قصّه به شرح بازگویم

فرزند، محمّد نظامی
آن بر دل من چو جان گرامی

این نسخه چو دل نهاد بر دست
در پهلوی من چو سایه بنشست

داد از سر مهر، پای من بوس
کی آن که زدی بر آسمان کوس

خسرو شیرین چو یاد کردی
چندین دل خلق شاد کردی

لیلی مجنون ببایدت گفت
تا گوهر قیمتی شود جفت

این نامهٔ نغز گفته بهتر
طاووس جوانه جفته بهتر

خاصه ملکی چو شاهِ شَروان
شروان چه؟ که شهریار ایران

نعمت‌ده و پایگاه‌ساز است
سربزکن و سخن‌نواز است

این نامه به نامه از تو درخواست
بنشین و طراز نامه کن راست

گفتم سخن تو هست بر جای
ای آینه‌روی آهنین‌رای

لیکن چه کنم؟ هوا دو رنگ است
اندیشه فراخ و سینه تنگ است

دهلیز فسانه چون بوَد تنگ
گردد سخن از شد آمدن لنگ

میدان سخن فراخ باید
تا طبع سواری‌ای نماید

این آیت اگرچه هست مشهور / تفسیر نشاط هست ازو دور
افزار سخن نشاط و ناز است / زین هردو سخن بهانه‌ساز است
بر شیفتگیّ و بند و زنجیر / باشد سخن برهنه دلگیر
در مرحله‌ای که ره ندانم / پیداست که نکته چند رانم
نه باغ و نه بزم شهریاری / نه رود و نه می، نه کامگاری
بر خشکیِ ریگ و سختیِ کوه / تا چند سخن رود در اندوه؟
باید سخن از نشاط سازی / تا بیت کند به قصّه بازی
این بود کز ابتدای حالت / کس گِرد نگشتش از ملالت
گوینده ز نظم او پر افشاند / تا این غایت نگفته زان ماند
چون شاه جهان به من کند باز / کاین نامه به نام من بپرداز
با این‌همه تنگی مسافت / آنجاش رسانم از لطافت
کز خواندن او به حضرت شاه / ریزد گهر نسفته بر راه
خواننده‌ش اگر فسرده باشد / عاشق شود ار نمرده باشد
باز آن خَلَف خلیفه‌زاده / کاین گنج بدوست درگشاده
یکدانهٔ اوّلین فتوحم / یک‌لالهٔ آخرین صبوحم
گفت ای سخن تو همسر من / یعنی لقبش برادر من
در گفتن قصّه‌ای چنین چُست / اندیشهٔ نظم را مکن سست
هرجا که به دست عشق خوانی‌ست / این قصّه بر او نمک‌فشانی‌ست
گرچه نمک تمام دارد / بر سفره کباب خام دارد
چون سفتهٔ خارش تو گردد / پخته به گزارش تو گردد

زیبارویی بدین نکویی	وآنگاه بدین برهنه‌رویی؟
کس دُر نه به قدر او فشانده‌ست	زین روی، برهنه‌روی مانده‌ست
جانست و چو کس به جان نکوشد	پیراهن عاریت نپوشد
پیرایهٔ جان ز جان توان ساخت	کس جانِ عزیز را نینداخت
جان‌بخش جهانیان دمِ توست	وین جان عزیز مَحرم توست
از تو عمل سخن‌گزاری	از بنده دعا، ز بخت یاری
چون دل‌دهیِ جگر شنیدم	دل دوختم و جگر دریدم
در جُستن گوهر ایستادم	کان کندم و کیمیا گشادم
راهی طلبید طبع، کوتاه	کاندیشه بُد از درازی راه
کوته‌تر از این نبود راهی	چابک‌تر از این میانه‌گاهی
بحری‌ست سبک، ولی رونده	ماهیش نه مُرده، بلکه زنده
بسیار سخن بدین حلاوت	گویند و ندارد این طراوت
زین بحر ضمیر هیچ غوّاص	برنارَد گوهری چنین خاص
هر بیتی از او چو رَستهٔ دُر	از عیب تهی و از هنر پُر
در جستن این متاع نغزم	یک موی نبود پای‌لغزم
می‌گفتم و دل جواب می‌داد	خاریدم و چشمه آب می‌داد
دخلی که ز عقل درج کردم	در زیور او به خرج کردم
این چار هزار بیت اکثر	شد گفته به چار ماه کمتر
گر شغل دگر حرام بودی	در چارده شب تمام بودی
بر جلوهٔ این عروس آزاد	آبادتر آن که گوید آباد

آراسته شد به بهترین حال | در سَلخ رجب به ثیّ و فی دال
تاریخ عیان که داشت با خَود | هشتاد و چهار بعد پانصد
پرداختمش به نغزکاری | وانداختمش بدین عماری
تا کس نبرد به سوی او راه | الّا نظر مبارک شاه

در مدح شروانشاه اخستان بن منوچهر

سرخیل سپاه تاجداران | سرجملهٔ جمله شهریاران
خاقان جهان، ملک معظّم | مطلق ملک‌الملوک عالم
دارندهٔ تخت پادشاهی | دارای سپیدی و سیاهی
صاحب‌جهت جلال و تمکین | یعنی که جلال دولت و دین
تاج ملکان ابوالمظفّر | زیبندهٔ ملک هفت کشور
شروانشه آفتاب‌سایه | کیخسرو کیقبادپایه
شاه سخن، اخستان که نامش | مُهری‌ست که مِهر شد غلامش
سلطانِ به ترکِ چتر گفته | پیدا، نه خلیفهٔ نهفته
بهرامنژاد و مشتری‌چهر | دُرّ صدفِ ملک منوچهر
زین طایفه تا به دور اوّل | شاهیش به نسل در مسلسل
نطفه‌ش که رسیده گاه بر گاه | تا آدم هست شاه بر شاه
در ملک جهان که باد تا دیر | کوته‌قلم و درازشمشیر
اورنگ‌نشین ملک بی‌نقل | فرمانده بی‌نقیصه، چون عقل
گردنکش هفت چرخ گردان | محراب دعای هفت مردان
رزّاق نَه، کآسمان ارزاق | سردار و سریرِ دارِ آفاق
فیّاضهٔ چشمهٔ معانی | دانای رموز آسمانی

اسرار دوازده علومش / نرم است چنان که مهر مومش

این هفت قوارهٔ شش انگشت / یک دیده، چهار دست و نُه پشت

تا برنکشد ز چنبرش سر / مانده‌ست چو حلقه سر به چنبر

دریای خوشاب نام دارد / زو آب حیات وام دارد

کان از کف او خراب گشته / بحر از کرمش سراب گشته

زین سو ظفرش جهان ستاند / زان سو کرمش جهان فشاند

گیرد به بلارَک روانه / بخشد به جناح تازیانه

کوثر چکد از مشام بختش / دوزخ جهد از دماغ لختش

خورشید ممالک جهان است / شایستهٔ بزم و رزم ازان است

مرّیخ به تیغ و زُهره با جام / بر راست و چپش گرفته آرام

زهره دهدش به جام یاری / مرّیخ کند سلیح‌داری

از تیغش کوهِ لعل خیزد / وز جام چو کوه، لعل ریزد

چون بنگری آن دو لعل خونخوار / خونیّ و میست لعل‌کردار

لطفش به گه صبوح ساقی / لطفی‌ست چنان‌که باد باقی

زخمش که عدو بدوست مقهور / زخمی‌ست که چشم‌زخم ازو دور

در لطف چو بادِ صبح تازد / هرجا که رسد، جگر نوازد

در زخم چو صاعقه است قتّال / بر هر که فتاد، سوخت در حال

لطف از دم صبح جان‌فشان‌تر / زخم از شب هجر جان‌ستان‌تر

چون سنجق شاهی‌اش بجنبد / پولادین صخره را بسُنبد

چون طرّهٔ پرچمش بلرزد / غوغای زمین جوی نیرزد

لیلی و مجنون

در گردش روزگار دیر است
کآتش زبر است و آب زیر است

تا او شده شهسوار ابرش
بگذشت محیط آب از آتش

قیصر به درش جنیبه‌داری
فَغفور گدای کیست باری؟

خورشید بدان گشاده‌رویی
یک عطسهٔ بزم اوست گویی

وان بدر که نام او منیر است
در غاشیه‌داری‌اش حقیر است

گویند که بود تیرِ آرش
چون نیزهٔ عادیان سنان‌کش

با تیر و کمان آن جهانگیر
در مجری ناوک افتد آن تیر

گویند که داشت شخص پرویز
شکلیّ و شمایلی دلاویز

با گَرد رکابش اَر ستیزد
پرویز به قایمی بریزد

بر هر که رسید تیغ تیزش
بربست اجل ره گریزش

بر هر زرهی که نیزه رانده
یک حلقه در آن زره نمانده

زوبینش به زخم نیم‌خَورده
شخص دو جهان دو نیم کرده

در مِهر چو آفتاب ظاهر
در کینه چو روزگار قاهر

چون صبح به مهر بی‌نظیر است
چون مهر به کینه شیرگیر است

بربست به نام خود به شش حرف
گرد کمر زمانه شش طرف

از شش زدن حروف نامش
بر نرد شده نَدَب تمامش

گر دشمن او چو پشّه جوشد
با صَرصَر قهر او نکوشد

چون موکب آفتاب خیزد
سایه به طلایه خود گریزد

آنجا که سمند او زند سُم
شیر از نمط زمین شود گم

تیرش چو بَرات مرگ راند
کس نامهٔ زندگی نخواند

چون خنجر جزع‌گون برآرد / لعل از دل سنگ خون برآرد
چون تیغ دورویه برگشاید / ده ده سر دشمنان رباید
بر دشمن اگر فراسیاب است / تنها زدنش چو آفتاب است
لشکرگره کمر نبسته / کاو باشد خصم را شکسته
چون لشکر او بدو رسیده / از لشکر خصم کس ندیده
صد رستمش ارچه در رکاب است / لشکرشکنیش ازین حساب است
چون بزم نهد به شهریاری / پیدا شود ابر نوبهاری
چندان‌که وجوه ساز بیند / بخشد نه چنان‌که بازبیند
چندان‌که به روزی او کند خرج / دوران نکند به سال‌ها درج
بخشیدن گوهرش به کیل است / تحریر غلام، خیل‌خیل است
زان جام که جم به خود نبخشید / روزی نبوَد که صد نبخشید
سُفتی جسد جهان ندارد / کز خلعت او نشان ندارد
با جودش، مشک قیر باشد / چینی نه که چین حقیر باشد
گیرد به جریده‌ای حصاری / بخشد به قصیده‌ای دیاری
آن فیض که ریزد او به یک جوش / دریاش نیاورد در آگوش
زر با دل او که بس فراخ است / گویی نه زر است، سنگلاخ است
گر هر شه را خزینه خیزد / شاه اوست کزو خزینه ریزد
با پشّه‌ای آن‌چنان کُند جود / کافزون کندش ز پیل محمود
در سایهٔ تخت پیل‌سایش / پیلان نکشند پیل‌پایش
دریای فرات شد، ولیکن / دریای روان، فرات ساکن

آن روز که روزِ بار باشد	نوروز بزرگوار باشد
نادیده بگویم از جد و بخت	کاو چون بوَد از شکوه بر تخت
چون بدر که سر برآرد از کوه	صف بسته ستاره گردش انبوه
یا چشمهٔ آفتاب روشن	کآید به نظاره‌گاه گلشن
یا پرتو رحمت الهی	کآید به نزول صبحگاهی
هر چشم که بیند آن‌چنان نور	چشم بد خلق ازو شود دور
یارب تو مرا کاُویس نامم	در عشق محمّدی تمامم
زان شه که محمّدی جمال است	روزیم کن آنچه در خیال است

خطاب زمین‌بوس

ای عالمِ جان و جانِ عالم	دلخوش‌کن آدمیّ و آدم
تاج تو ورای تاج خورشید	تخت تو فزون ز تخت جمشید
آبادی عالم از تمامیت	وآزادی مردم از غلامیت
مولا شده جملهٔ ممالک	توقیع تو را به «صَحَّ ذلک»
هم مُلک جهان به تو مکرّم	هم حکم جهان به تو مسلّم
هم خطبهٔ تو طرازِ اسلام	هم سکّهٔ تو خلیفه‌احرام
گر خطبه تو دمند بر خاک	زر خیزد از او به جای خاشاک
ور سکّهٔ تو زنند بر سنگ	کس درنزند به سیم و زر چنگ
راضی شده از بزرگواریت	دولت به یتاق نیزه‌داریت
میرآخوری تو چرخ را کار	کاه و جو ازان کشد در انبار
آنچ از جو و کاه او نشان است	جو خوشه و کاه کهکشان است

بردی ز هوا لطیف‌خویی وز باد صبا عبیربویی
فیض تو که چشمهٔ حیات است روزی‌ده اصل امّهات است
پالودهٔ راوق ربیعی خاک قدم تو از مطیعی
هرجا که دلی‌ست قاف تا قاف از بندگی تو می‌زند لاف
چون دست ظفر کلاه‌بخشی چون فضل خدا گناه‌بخشی
باقی‌ست به ملک در سیاست پیش و پس ملک هست پاسَت
گر پیش رَوی، چراغِ راهی ور پس باشی، جهان‌پناهی
چون مشعله پیش‌بین موافق چون صبح پسین منیر و صادق
دیوان عمل‌نشان تو داری حکم عملِ جهان تو داری
آنها که در این عمل رئیسند بر خاک تو «عَبدُهُ» نویسند
مُستوفی عقل و مُشرِفِ رای در مملکت تو کارفرمای
دولت که نشانهٔ مراد است در حقّ تو صاحب‌اعتقاد است
نصرت که عدو ازو گریزد از سایهٔ دولت تو خیزد
گویی عملت که نورِ دیده است از دولت و نصرت آفریده است
با هر که به حکم همنبردی بندی کمر هزار مردی
بی‌آنکه به خون کنی برش را در دامنش افکنی سرش را
وآن‌کس که نظر بدو رسانی بر تخت سعادتش نشانی
بر فتح نویسی آیتش را وآباد کنی ولایتش را
گرچه نظر تو بر نظامی فرخنده شد از بلندنامی
او نیز که پاسبان کوی است بر دولت تو خجسته‌روی است

مرغی که همای نام دارد	چون فرّخی تمام دارد؟
این مرغ که مهر توست مایه‌ش	نَشگِفت که فرّخ است سایه‌ش
هر مرغ که مرغ صبحگاه است	وِرد نفسش دعای شاه است
با رفعت و قدر نام دارد	بر فتح و ظفر مقام دارد
با رفعت و قدر باد جاهت	با فتح و ظفر سریر و گاهت
عالم همه ساله خرّم از تو	معزول مباد عالم از تو
اقبال مطیع و یار بادت	توفیق رفیق کار بادت
چشم همه دوستان گشاده	از دولت شاه و شاهزاده

سپردن فرزند خویش به فرزند شروانشاه

چون گوهر سرخ صبحگاهی	بنمود سپیدی از سیاهی
آن گوهر کان گشادهٔ من	پشت من و پشت‌زادهٔ من
گوهر به کلاه کان برافشاند	وز گوهر کان شه سخن راند
کاین بی‌کس را به عقد و پیوند	درکش به پناه آن خداوند
بسپار مرا به عُهده‌ش امروز	کو نوقلم است و من نوآموز
تا چون کرمش کمال گیرد	اندرز تو را به فال گیرد
کان تخت‌نشین که اوج‌سای است	خُرد است، ولی بزرگ‌رای است
سیّارهٔ آسمان ملک است	جسم مَلک است و جان ملک است
آن یوسف هفت بزم و نه مهد	هم والی عهد و هم ولیعهد
نومجلس و نونشاط و نومهر	دُرّ صدف ملک منوچهر
فخر دو جهان به سربلندی	مغز ملکان به هوشمندی

میراثستان ماه و خورشید / منصوبه‌گشای بیم و امید

نور بصر بزرگواران / محراب نماز تاجداران

پیرایهٔ تخت و مفخر تاج / کاقبال به روی اوست محتاج

ای از شرف تو شاهزاده / چشم ملک اَخستان گشاده

ممزوج دو مملکت به شاهی / چون سیبِ دو رنگ صبحگاهی

یک تخم به خسروی نشانده / از تخمهٔ کیقباد مانده

در مرکز خطّ هفت پرگار / یک نقطهٔ نو نشسته برکار

***

ایزد به خودت پناه دارد / وز چشم بدت نگاه دارد

دارم به خدا امیدواری / کز غایت ذهن و هوشیاری

آنجات رساند از عنایت / کآماده شوی به هر کفایت

هم نامهٔ خسروان بخوانی / هم گفتهٔ بخردان بدانی

این گنج نهفته را درین دُرج / بینی چو مه دو هفته در برج

دانی که چنین عروس مهدی / ناید ز قرانِ هیچ عهدی

گر در پدرش نظر نیاری / تیمار برادرش بداری

از راه نوازش تمامش / رسمی ابدی کنی به نامش

تا حاجتمند کس نباشد / سر پیش و نظر ز پس نباشد

این گفتم و قصّه گشت کوتاه / اقبال تو باد و دولت شاه

آن چشم گشاده باد از این نور / وین سرو مباد ازان چمن دور

روی تو به شاه پشت بسته / پشت و دل دشمنان شکسته

زنده به تو شاه جاودانی / چون خضر به آب زندگانی
اجرام سپهر اوج منظر / افروخته باد از این دو پیکر

در شکایت حسودان و منکران فرماید

برجوش دلا که وقت جوش است / گویای جهان چرا خموش است؟
میدان سخن مراست امروز / به زین، سخنی کجاست امروز؟
اِجری‌خور دسترنج خویشم / گر محتشمم، ز گنج خویشم
زین سحر سحرگهی که رانم / مجموعهٔ هفت سَبع خوانم
سحری که چنین حلال باشد / منکر شدنش وبال باشد
در سحر سخن چنان تمامم / کاینهٔ غیب گشت نامم
شمشیر زبانم از فصیحی / دارد سر معجز مسیحی
نطقم اثر آنچنان نماید / کز جذر اَصَم زبان گشاید
حرفم ز تبش چنان فروزد / کانگشت بر او نهی بسوزد
شعر آب ز جویبار من یافت / آوازه به روزگار من یافت
این بی‌نمکان که نان‌خوران‌اند / در سایهٔ من جهان‌خوران‌اند
افکندن صید کار شیر است / روبه ز شکار شیر سیر است
از خوردن من به کام و حلقی / آن به که ز من خورند خلقی
حاسد ز قبول این روایی / دور از من و تو به ژاژخایی
چون سایه شده به پیش من پست / تعریض مرا گرفته در دست
گر پیشه کنم غزل‌سرایی / او پیش نهد دغل درآیی
گر ساز کنم قصایدی چست / او باز کند قلایدی سست

بازم چو به نظم قصّه راند / قصّه چه کنم که قصّه خواند

من سکّه زنم به قالبی خوب / او نیز زند، ولیک مقلوب

کَپّی همه آن کند که مردم / پیداست در آبِ تیره انجم

بر هر جسدی که تابد آن نور / از سایهٔ خویش هست رنجور

سایه که نقیصه‌ساز مرد است / در طنزگری گران‌نورد است

طنزی کند و ندارد آزرم / چون چشمش نیست، کی بوَد شرم؟

پیغمبر کو نداشت سایه / آزاد نبود از این طلایه

دریای محیط را که پاک است / از چرک دهان سگ چه باک است؟

هرچند ز چشم زردگوشان / سرخ است رُخَم ز خون جوشان

چون بحر کنم کناره‌شویی / اما نه ز روی تلخ‌رویی

زخمی چو چراغ می‌خورم چست / وز خنده چو شمع می‌شوم سست

چون آینه، گر نه آهنینم / با سنگ‌دلان چرا نشینم؟

کان کندن من مبین که مردم / جان کندن خصم بین ز دردم

در منکر صنعتم بهی نیست / کالا شب چارشنبهی نیست

دزد دُر من به جای مزد است / بد گویدم، ارچه بانگ دزد است

دزدان، چو به کوی دزد جویند / در کوی دوند و «دزد» گویند

دُر دزدی من حلال بادش / بد گفتن من وبال بادش

بیند هنر و هنر نداند / بد می‌کند، این‌قدر نداند

گر با بصر است، بی‌بصر باد / ور کور شده است، کورتر باد

او دزدد و من گدازم از شرم / دزد افشاری‌ست این، نه آزرم

نی‌نی چو به کدیه دل نهاده است | گو خیز و بیا که در گشاده است
آن کاوست نیازمند سودی | گر من بُدمی، چه چاره بودی؟
گنج دو جهان در آستینم | دُر دزدی مفلسی چه بینم؟
واجب‌صدقه‌م به زیردستان | گو خواه بدزد و خواه بستان
دریای دُر است و کان گنجم | از نقب‌زنان چگونه رنجم؟
گنجینه به بند می‌توان داشت | خوبی به سپند می‌توان داشت
مادر که سپندیار دادم | با دِرع سپندیار زادم
در خطّ نظامی ار نهی گام | بینی عدد هزار و یک نام
والیاس کالف بری ز لامش | هم با نود و نه است نامش
زین‌گونه هزار و یک حصارم | با صد کم یک سلیح دارم
هم فارغم از کشیدن رنج | هم ایمنم از بریدن گنج
گنجی که چنین حصار دارد | نَقّاب در او چه کار دارد؟
این است که گنج نیست بی‌مار | هرجا که رطب بوَد، بوَد خار
هر ناموری که او جهان داشت | بدنام کنی ز همرهان داشت
یوسف که ز ماه عقد می‌بست | از حقد برادران نمی‌رست
عیسی که دمش نداشت دودی | می‌برد جفای هر جهودی
احمد که سرآمد عرب بود | هم خستهٔ خار بولهب بود
دیر است که تا جهان چنین است | بی‌نیش مگس کم انگبین است

عذر شکایت

تا من منم از طریق زوری | نازُرد ز من جناح موری

دُرّی به خوشاب کس نشُستم — شوریدن کار کس نجُستم
زآنجا که نه من حریف‌خویم — در حقّ سگی بدی نگویم
بر فِسق سگی که شیری‌ام داد — «لا عَیبَ لَهُ» دلیری‌ام داد
دانم که غضب نهفته بهتر — وین گفته که شد نگفته، بهتر
لیکن به حساب کاردانی — بی‌غیرتی است بی‌زبانی
آن کس که ز شهر آشنایی‌ست — داند که متاع ما کجایی‌ست
وان کاو به کژی من کشد دست — خصمش نه منم که جز منی هست
خاموش، دلا ز هرزه‌گویی — می‌خور جگری به تازه‌رویی
چون گل به رحیل کوس می‌زن — بر دست کُشنده بوس می‌زن
نانخورد ز خون خویش می‌دار — سر نیست، کلاه پیش می‌دار
آزارکشی کن و میازار — کآزرده تو بِه که خلق بازار

در نصیحت فرزند خود، محمّد نظامی

ای چارده‌ساله قُرَّةالعَین — بالغ‌نظر علوم کونین
آن روز که هفت‌ساله بودی — چون گل به چمن حواله بودی
واکنون که به چارده رسیدی — چون سرو بر اوج سر کشیدی
غافل منشین، نه وقت بازی‌ست — وقت هنر است و سرفرازی‌ست
دانش طلب و بزرگی آموز — تا بِه نگرند، روزت از روز
نام و نسبت به خردسالی‌ست — نسل از شجر بزرگ خالی‌ست
جایی که بزرگ بایدت بود — فرزندی من ندارتت سود
چون شیر به خود سپه‌شکن باش — فرزند خصال خویشتن باش

دولت طلبی، سبب نگه‌دار | با خلق خدا ادب نگه‌دار
آنجا که فسانه‌ای سگالی | از ترس خدا مباش خالی
وآن شغل طلب ز روی حالت | کز کرده نباشدت خجالت
گر دل دهی ای پسر بدین پند | از پند پدر شوی برومند
گرچه سر سروَریت بینم | وآیین سخنوریت بینم
در شعر مپیچ و در فن او | چون اَکذب اوست، اَحسن او
زین فن مطلب بلندنامی | کان ختم شده‌ست بر نظامی
نظم ارچه به مرتبت بلند است | آن علم طلب که سودمند است
در جدول این خط قیاسی | می‌کوش به خویشتن‌شناسی
تشریح نهاد خود درآموز | کاین معرفتی است خاطرافروز
پیغمبر گفت «علمُ عِلمان | علمُ الاَدیان و علمُ الاَبدان»
در ناف دو علم بوی طیب است | وآن هر دو، فقیه یا طبیب است
می‌باش طبیب عیسوی‌هش | اما نه طبیب آدمی‌کش
می‌باش فقیه طاعت‌اندوز | اما نه فقیه حیلت‌آموز
گر هر دو شوی بلند گردی | پیش همه ارجمند گردی
صاحب‌طرفین عهد باشی | صاحب‌طرف دو مهد باشی
می‌کوش به هر ورق که خوانی | کان دانش را تمام دانی

***

پالان‌گری‌ای به غایت خَود | بهتر ز کلاه‌دوزی بد
گفتن ز من از تو کار بستن | بیکار نمی‌توان نشستن

خوبی کم‌گویی

با اینکه سخن به لطف آب است   کم گفتنِ هر سخن صواب است
آب ارچه همه زلال خیزد   از خوردنِ پُر، ملال خیزد
کم گوی و گزیده گوی چون دُر   تا ز اندک تو جهان شود پر
لاف از سخن چو دُر توان زد   آن خشت بود که پُر توان زد
مرواریدی کز اصل پاک است   آرایش‌بخش آب و خاک است
تا هست درست، گنج و کان‌هاست   چون خرد شود، دوای جان‌هاست
یک دسته گل دماغ‌پرور   از خرمن صد گیاه بهتر
گر باشد صد ستاره در پیش   تعظیم یک آفتاب ازو بیش
گرچه همه کوکبی به تاب است   افروختگی در آفتاب است

یاد کردن بعضی از گذشتگان خویش

ساقی به کجا که می‌پرستم   تا ساغر می دهد به دستم
آن می که چو اشک من زلال است   در مذهب عاشقان حلال است
در می به امید آن زنم چنگ   تا بازگشاید این دل تنگ
شیری‌ست نشسته بر گذرگاه   خواهم که ز شیر گم کنم راه
زین پیش نشاطی آزمودم   امروز نه آنکسم که بودم
این نیز چو بگذرد ز دستم   عاجزتر از این شوم که هستم
ساقی به من آور آن می لعل   کافکند سخن در آتشم نعل
آن می که گره‌گشای کار است   با روح، چو روح سازگار است

یادآوری از پدر

گر شد پدرم به سنت جدّ — یوسف پسر زکی مُؤَیَّد
با دور به داوری چه کوشم؟ — دور است نه جور، چون خروشم؟

***

چون در پدران رفته دیدم — عِرق پدری ز دل بریدم
تا هرچه رسد ز نیش آن نوش — دارم به فریضه تن فراموش
ساقی منشین به من ده آن می — کز خون فسرده برکشد خوی
آن می که چو گُنگ ازان بنوشد — نطقش به مزاج در بجوشد

یاد مادر خود، رئیسه کرد

گر مادر من رئیسهٔ کُرد — مادرصفتانه پیش من مُرد
از لابه‌گری که را کنم یاد — تا پیش من آردش به فریاد؟
غم بیشتر از قیاس خورده‌ست — گردابه فزون ز قدّ مرد است
زان بیشتر است کاس این درد — کآن را به هزار دم توان خَورد
با این غم و درد بی‌کناره — داروی فرامُشی‌ست چاره
ساقی، پی بارگیم ریش است — می ده که ره رحیل پیش است
آن می که چو شور در سرآرد — از پای هزار سر برآرد

یادآوری از خال خود، خواجه عمر

گر خواجه عمر که خال من بود — خالی شدنش وبال من بود
از تلخ‌گواری نواله‌ام — در نای گلو شکست ناله‌ام

می‌ترسم از این کبود زنجیر
کافغان کنم او شود گلوگیر

ساقی ز خُم شرابخانه
پیش آر میی چو ناردانه

آن می که محیطبخش کشت است
همشیرهٔ شیرهٔ بهشت است

یاد از همدمان رفته و همدمی با دیگران

تا کی دم اهل؟ اهل دم کو؟
همراه کجا و همقدم کو؟

نَحلی که به شهد خُرّمی کرد
آن شهد ز روی همدمی کرد

پیله که بریشمین کلاه است
از یاری همدمانِ راه است

از شادی همدمان کشد مور
آن را که ازو فزون بود زور

با هر که درین رهی همآواز
در پردهٔ او نوا همی‌ساز

در پردهٔ این ترانهٔ تنگ
خارج بوَد ار ندانی آهنگ

در چین نه همه حریر بافند
گه حُلّه، گهی حصیر بافند

در هرچه از اعتدال یاری‌ست
انجامِشِ آن به سازگاری‌ست

هر رود که با غنا نسازد
برد چو غنا گرش نوازد

ساقی می مشک بوی بردار
بنداز من چاره‌جوی بردار

آن می که عصاره حیات است
باکوره کوزه نبات است

فراموشی از پیکر و جسم

زین خانهٔ خاک‌پوش تا کی؟
زان خوردن زهر و نوش تا کی؟

آن خانهٔ عنکبوت باشد
کاو بندد زخم و گه خراشد

گه بر مگسی کند شبیخون
گه دست کسی رهاند از خون

چون پیله ببند خانه را در	تا در شبخواب خوش نهی سر
این خانه که خانهٔ وبال است	پیداست که وقف چند سال است
ساقی ز می و نشاط منشین	می تلخ ده و نشاط شیرین
آن می که چنان که حال مرد است	ظاهر کند آنچه در نورد است

فراموشی از سرافرازی

چون مار مکن به سرکشی میل	کاینجا ز قفا همی‌رسد سیل
گر هفت سرت چو اژدها هست	هر هفت سرت نهند بر دست
به گر خطری چنان نسنجی	کز وی چو بیوفتی، برنجی
در وقت فروفتادن از بام	صد گز نبود چنان که یک گام
خاکی شو و از خطر میندیش	خاک از سه گهر به ساکنی پیش
هر گوهری ارچه تابناک است	منظورترین جمله خاک است
او هست پدید در سه همکار	وان هر سه در اوست ناپدیدار
ساقی می لاله‌رنگ برگیر	نصفی به نوای چنگ برگیر
آن می که منادی صبوح است	آباد کن سرای روح است

فراموشی از عمر رفته

تا کی غم نارسیده خوردن	دانستن و ناشنیده کردن
به گر سخنم به یاد داری	وز عمر گذشته یاد ناری
آن عمرِ شده که پیش‌خورد است	پندار هنوز در نورد است
هم بر ورق گذشته گیرش	واکرده و درنَبَشته گیرش

انگار که هفت سبع خواندی	یا هفت هزار سال ماندی
آخر نه چو مدّت اِسپَری گشت	آن هفت هزار سال بگذشت؟
چون قامت ما برای غرق است	کوتاه و دراز را چه فرق است؟
ساقی به صبوح بامدادم	می ده که نخورده نوش بادم
آن می که چو آفتاب گیرد	زو چشمهٔ خشک آب گیرد

به ترک فروتنی و افتادگی گفتن

تا چند چو یخ فسرده بودن؟	در آب چو موش مرده بودن؟
چون گل بگذار نرمخویی	بگذر چو بنفشه از دورویی
جایی باشد که خار باید	دیوانگیی به کار باید

تمثیل

کُردی خرکی به کعبه گم کرد	در کعبه دوید و اُشتُلُم کرد
کاین بادیه را رهی دراز است	گم گشتن خر ز من چه راز است؟
این گفت و چو گفت، باز پس دید	خر دید و چو دید خر، بخندید
گفتا خرم از میانه گم بود	وایافتنش به اشتلم بود
گر اشتلمی نمی‌زد آن کُرد	خر می‌شد و بار نیز می‌بُرد
این ده که حصار بیهُشان است	اقطاعده زبون‌کُشان است
بی‌شیردلی به سر نیاید	وز گاودلان هنر نیاید
ساقی می ناب در قدح ریز	آبی بزن، آتشی برانگیز
آن می که چو روی سنگ شوید	یاقوت ز روی سنگ روید

بیدادکَش نباید بود

پایین‌طلبِ خَسان چه باشی؟ دستِ خوش ناکسان چه باشی؟
گردن چه نهی به هر قفایی؟ راضی چه شوی به هر جفایی؟
چون کوه بلند پُشتیی کن با نرم جهان درشتیی کن
چون سوسن اگر حریر بافی دُردی خوری از زمین صافی
خواری خلل درونی آرد بیدادکشی زبونی آرد
می‌باش چو خار حربه بر دوش تا خرمن گل کشی در آغوش
نیروشکن است حیف و بیداد از حیف بمیرد آدمیزاد
ساقی منشین که روز دیر است می ده که سرم ز شغل سیر است
آن می که چراغ رهروان شد هر پیر که خورد ازو جوان شد
با یک دو سه رند لاابالی راهی طلب از غرور خالی

به ترک خدمت پادشاهان گفتن

با ذرّه نشین چو نور خورشید تو کیّ و نشاطگاه جمشید؟
بگذار معاش پادشاهی کآوارگی آورد سپاهی
از صحبت پادشه بپرهیز چون پنبهٔ خشک از آتش تیز
زان آتش اگرچه پر ز نور است ایمن بوَد آن کسی که دور است
پروانه که نور شمعش افروخت چون بزمنشین شمع شد سوخت
ساقی نفسم ز غم فروبست می ده که به می ز غم توان رست
آن می که صفای سیم دارد در دل اثری عظیم دارد

به رزق و کار کسان دست‌اندازی نباید کرد

دل نِه به نصیب خاصهٔ خویش   خاییدن رزق کس میندیش
برگردد بخت ازان سبکرای   کافزون ز گلیم خود کشد پای
مرغی که نه اوج خویش گیرد   هنجار هلاک پیش گیرد
ماری که نه راه خود بسیچد   از پیچش کار خود بپیچد
زاهد که کند سلاح‌پوشی   سیلی خورد از زیاده‌کوشی
روبه که زند تپانچه با شیر   دانی که به دست کیست شمشیر
ساقی می مغزجوش دَردِه   جامی به صلای نوش دَردِه
آن می که کلید گنج شادی‌ست   جان‌داروی گنج کیقبادی‌ست

خرسندی و قناعت

خرسندی را به طبع در بند   می‌باش بدانچه هست خرسند
جز آدمیان هرآنچه هستند   بر شِقّهٔ قانعی نشستند
در جُستن رزق خود شتابند   سازند بدان قَدَر که یابند
چون وجه کفایتی ندارند   یارای شکایتی ندارند
آن آدمی است کز دلیری   کفر آرد وقت نیمسیری
گر فوت شود یکی نواله‌ش   بر چرخ رسد نفیر و ناله‌ش
گر تر شودش به قطره‌ای بام   در ابر زبان کشد به دشنام
ور یک جوسنگ تاب گیرد   خرسنگ در آفتاب گیرد
شرط روش آن بود که چون نور   زآلایش نیک و بد شوی دور
چون آب ز روی جان‌نوازی   با جمله رنگ‌ها بسازی

ساقی ز ره بهانه برخیز — پیش آر می مغانه، برخیز
آن می که به بزم ناز بخشد — در رزم سلاح و ساز بخشد

با نشاط خدمت به خلق کردن

افسرده مباش، اگر نه سنگی — رهوارتر آی، اگر نه لنگی
گرد از سر این نمد فروروب — پایی به سر نمد فروکوب
در رقص رونده چون فلک باش — گو جملهٔ راه پر خَسَک باش
مرکب بده و پیادگی کن — سیلی خور و روگشادگی کن
بار همه می‌کش ار توانی — بهتر چه ز بارکش‌رَهانی؟
تا چون تو بیفتی از سر کار — سُفتِ همه‌کس تو را کشد بار
ساقی می ارغوانی‌ام ده — ام ده‌یاری‌ده زندگانی
آن می‌که چو با مزاج سازد — جان تازه کند، جگر نوازد

افتادگی جوی تا بلند شوی

زین دامگه اعتکاف بگشای — بر عجز خود اعتراف بنمای
در راه تلی بدین بلندی — گستاخ مشو به زورمندی
با یک سپرِ دریده چون گل — تا چند شَغَب کنی چو بلبل
ره پُر شکن است، پَر بیفکن — تیغ است قوی، سپر بیفکن
تا بارگیِ تو پیش تازد — سربارِ تو چرخ بیش سازد
یک‌باره بیفت ازین سواری — تا یابی راه رستگاری
بینی که چو مه شکسته گردد — از عقدهٔ رَخم رَسته گردد

ساقی به نفس رسید جانم ... تر کن به زلال می دهانم
آن می که نخورده جای جان است ... چون خورده شود دوای جان است

در خلوت به سخن‌سرایی پرداختن

فارغ منشین که وقت کوچ است ... در خود منگر که چشم لوچ است
تو آبله‌پای و راه دشوار ... ای پارهٔ کار، چون بوَد کار؟
یا رخت خود از میانه بربند ... یا در به رخ زمانه دربند
صحبت چو غله نمی‌دهد باز ... جان در غله‌دان خلوت انداز
بی‌نقش صحیفه چند خوانی؟ ... بی‌آب سفینه چند رانی؟
آن به که نظامیا در این راه ... بر چشمه زنی چو خضر خرگاه
سیراب شوی چو دُرّ مکنون ... از آب زلال عشق مجنون

آغاز داستان

گویندهٔ داستان چنین گفت ... آن لحظه که دُرّ این سخن سُفت
کز مُلک عرب بزرگواری ... بوده‌ست به خوب‌تر دیاری
بر عامریان کفایت او را ... معمورترین ولایت او را
خاک عرب از نسیم نامش ... خوش‌بوی‌تر از رَحیق جامش
صاحب‌هنری به مردمی طاق ... شایسته‌ترینِ جمله آفاق
سلطان عرب به کامگاری ... قارون عجم به مال‌داری
درویش‌نواز و میهمان‌دوست ... اقبال درو چو مغز در پوست

می‌بود خلیفه‌وار مشهور   وز پی خَلَفی چو شمع بی‌نور
محتاج‌تر از صدف به فرزند   چون خوشه به دانه آرزومند
در حسرت آنکه دست بختش   شاخی به در آرد از درختش
یعنی که چو سروبن بریزد   سروی دگرش ز بن بخیزد
تا چون به چمن رسد تذروی   سروی بیند به جای سروی
گر سروبن کهن نبیند   در سایهٔ سرو نو نشیند
زنده‌ست کسی که در دیارش   مانَد خلفی به یادگارش
می‌کرد بدین طمع کرمها   می‌داد به سائلان درمها
بدری به هزار بدره می‌جست   می‌کاشت سَمَن، ولی نمی‌رُست
دُر می‌طلبید و دَرنمی‌یافت   وز دُرطلبی عنان نمی‌تافت
وآگه نه که در جهان‌درنگی   پوشیده بوَد صلاح‌رنگی
هرچ آن طلبی اگر نباشد   از مصلحتی به در نباشد
هر نیک و بدی که در شمار است   چون درنگری صلاح کار است
بس یافته کان بساز بینی   نایافته به، چو بازبینی
بسیار غرض که در نورد است   پوشیدن او صلاح مرد است
هرکس به تکیست بیست در بیست   وآگه نه کسی که مصلحت چیست
سررشتهٔ غیب ناپدید است   بس قفل که بنگری کلید است

***

چون دُرطلب از برای فرزند   می‌بود چو کان به لعل در بند
ایزد به تضرّعی که شاید   دادش پسری چنان‌که باید

لیلی و مجنون

نورسته گلی چو نار خندان
چه نار و چه گل؟ هزار چندان

روشن‌گهری ز تابناکی
شب‌روزکن سرای خاکی

چون دید پدر جمال فرزند
بگشاد در خزینه را بند

از شادی آن خزینه‌خیزی
می‌کرد چو گل خزینه‌ریزی

فرمود ورا به دایه دادن
تا رُسته شود ز مایه دادن

دورانش به حکم دایگانی
پرورد به شیرِ مهربانی

هر شیر که در دلش سرشتند
حرفی ز وفا بر او نوشتند

هر مایه که از غذاش دادند
دل‌دوستیی در او نهادند

هر نیل که بر رُخَش کشیدند
افسون دلی بر او دمیدند

چون لاله دهن به شیر می‌شست
چون برگ سمن به شیر می‌رست

گفتی که به شیر بود شهدی
یا بود مهی میان مهدی

از مه چو دو هفته بود رفته
شد ماهِ دو هفته بر دو هفته

شرط هنرش تمام کردند
قیس هُنَریش نام کردند

چون بر سر این گذشت سالی
بفزود جمال را کمالی

عشقش به دودستی آب می‌داد
زو گوهر عشق تاب می‌داد

سالی دو سه در نشاط و بازی
می‌رست به باغ دل‌نوازی

چون شد به قیاس هفت ساله
آمود بنفشه گِردِ لاله

کز هفت به ده رسید سالش
افسانهٔ خلق شد جمالش

هرکس که رُخش ز دور دیدی
بادی ز دعا بر او دمیدی

شد چشم پدر به روی او شاد
از خانه به مکتبش فرستاد

دادش به دبیر دانش‌آموز / تا رنج بر او برد شب و روز
جمع آمده از سر شکوهی / با او به موافقت گروهی
هر کودکی از امید و از بیم / مشغول شده به درس و تعلیم
با آن پسران خردپیوند / هم‌لوح نشسته، دختری چند
هر یک ز قبیله‌ایّ و جایی / جمع آمده در ادب‌سرایی
قیس هنری به علم خواندن / یاقوت لبش به دُر فشاندن
بود از صدف دگر قبیله / ناسفته دُریش هم‌طویله
آفت‌نرسیده دختری خوب / چون عقل به نام نیک منسوب
آراسته لعبتی چو ماهی / چون سرو سهی نظاره‌گاهی
شوخی که به غمزه‌ای کمینه / سفتی نه یکی، هزار سینه
آهوچشمی که هر زمانی / کُشتی به کرشمه‌ای جهانی
ماه عربی به رخ نمودن / ترک عجمی به دل ربودن
زلفش چو شبی، رُخَش چراغی / یا مشعله‌ای به چنگ زاغی
کوچک‌دهنی، بزرگ‌سایه / چون تُنگ شکر فراخ‌مایه
شکّرشکنی به هرچه خواهی / لشکرشکن از شکر چه خواهی؟
تعویذ میان همنشینان / درخورد کنار نازنینان
محجوبهٔ بیت زندگانی / شه‌بیت قصیدهٔ جوانی
عِقد زَنَخ از خُوی جبینش / وز حلقهٔ زلف، عنبرینش
گلگونه ز خون شیرپرورد / سرمه ز سواد مادرآورد
بر رشتهٔ زلف و عِقد خالش / افزوده جواهر جمالش

در هر دلی از هواش میلی	گیسوش چو لیل و نام لیلی
از دلداری که قیس دیدش	دل داد و به مهر دل خریدش
او نیز هوای قیس می‌جست	در سینهٔ هر دو مِهر می‌رست
عشق آمد و جام خام درداد	جامی به دو خوی‌رام درداد
مستی به نخست باده سخت است	افتادن نافتاده سخت است
چون از گل مِهر بو گرفتند	با خود همه‌روزه خو گرفتند
این، جان به جمال آن سپرده	دل برده ولیک جان نبرده
وان، بر رخ این نظر نهاده	دل داده و کام دل نداده
یاران به حساب علم‌خوانی	ایشان به حساب مهربانی
یاران سخن از لغت سرشتند	ایشان لغتی دگر نوشتند
یاران ورقی ز علم خواندند	ایشان نفسی به عشق راندند
یاران صفت فعال گفتند	ایشان همه حسب حال گفتند
یاران به شمار پیش بودند	و ایشان به شمار خویش بودند

عاشق شدن لیلی و مجنون به یکدیگر

هر روز که صبح بردمیدی	یوسف‌رخ مشرقی رسیدی
کردی فلک ترنج‌پیکر	ریحانی او ترنجی از زر
لیلی ز سر ترنج‌بازی	کردی ز زنخ ترنج‌سازی
زان تازه ترنج نورسیده	نظّاره ترنج کف بریده
چون بر کف او ترنج دیدند	از عشق چو نار می‌کفیدند
شد قیس به جلوه‌گاه غنجش	نارنج‌رخ از غم ترنجش

برده ز دماغ دوستان رنج
خوش‌بویی آن ترنج و نارنج

چون یک‌چندی بر این برآمد
افغان ز دو نازنین برآمد

عشق آمد و کرد خانه خالی
برداشته تیغ لاابالی

غم داد و دل از کنارشان برد
وز دل‌شدگی قرارشان برد

زان دل که به یکدگر نهادند
در معرض گفتگو فتادند

این پرده دریده شد ز هر سوی
وان راز شنیده شد به هر کوی

زین قصّه که محکم آیتی بود
در هر دهنی حکایتی بود

کردند بسی به هم مدارا
تا راز نگردد آشکارا

بند سرِ نافه گرچه خشک است
بوی خوش او گوای مشک است

یاری که ز عاشقی خبر داشت
بُرقع ز جمال خویش برداشت

کردند شکیب تا بکوشند
وان عشق برهنه را بپوشند

در عشق شکیب کی کند سود؟
خورشید به گل نشاید اندود

چشمی به هزار غَمزه غمّاز
در پرده نهفته چون بوَد راز؟

زلفی به هزار حلقه زنجیر
جز شیفته‌دل شدن چه تدبیر؟

زان پس چو به عقل پیش دیدند
دزدیده به روی خویش دیدند

چون شیفته گشت قیس را کار
در چنبر عشق شد گرفتار

از عشق جمال آن دلارام
نگرفت به هیچ منزل آرام

در صحبت آن نگار زیبا
می‌بود، ولیک ناشکیبا

یک‌باره دلش ز پا درافتاد
هم خیک درید و هم خر افتاد

وآنان که نیوفتاده بودند
«مجنون» لقبش نهاده بودند

او نیز به وجه بینوایی / می‌داد بر این سخن گوایی
از بس که سخن به طعنه گفتند / از شیفته ماه نو نهفتند
از بس که چو سگ زبان کشیدند / ز آهوبره سبزه را بریدند
لیلی چو بریده شد ز مجنون / می‌ریخت ز دیده دُرّ مکنون
مجنون چو ندید روی لیلی / از هر مژه‌ای گشاد سیلی
می‌گشت به گرد کوی و بازار / در دیده سرشک و در دل آزار
می‌گفت سرودهای کاری / می‌خواند چو عاشقان به زاری
او می‌شد و می‌زدند هرکس / «مجنون، مجنون» ز پیش و از پس
او نیز فسار سست می‌کرد / دیوانگیی درست می‌کرد
می‌راند خری به گردن خرد / خر رفت و به عاقبت رسن برد
دل را به دو نیم کرد چون نار / تا «دل‌به‌دونیم» خوانَدَش یار
کوشید که راز دل بپوشد / با آتش دل که بازکوشد؟
خون جگرش به رخ برآمد / از دل بگذشت و بر سر آمد
او در غم یار و یار ازو دور / دل پرغم و غمگسار ازو دور
چون شمع به ترک خواب گفته / ناسوده به روز و شب نخفته
می‌کُشت ز درد خویشتن را / می‌جست دوای جان و تن را
می‌کَند بدان امید جانی / می‌کوفت سری بر آستانی
هر صبحدمی شدی شتابان / سرپای برهنه در بیابان
او بندهٔ یار و یار در بند / از یکدیگر به بوی خرسند
هر شب ز فراق بیت‌خوانان / پنهان رفتی به کوی جانان

در بوسه زدیّ و بازگشتی / بازآمدنش دراز گشتی
رفتنش بِه از شمال بودی / بازآمدنش به سال بودی
در وقت شدن هزار پر داشت / چون آمد، خار در گذر داشت
می‌رفت چنان‌که آب در چاه / می‌آمد صد گریوه بر راه
پای‌آبله چون به یار می‌رفت / بر مرکب راهوار می‌رفت
باد از پس داشت، چاه در پیش / کآمد به وبال‌خانهٔ خویش
گر بخت به کام او زدی ساز / هرگز به وطن نیامدی باز

در صفت عشق مجنون

سلطان سریر صبح‌خیزان / سرخیل سپاه اشک‌ریزان
متواری راه دل‌نوازی / زنجیری کوی عشق‌بازی
قانون مغنّیان بغداد / بیّاع معاملان فریاد
طبّال نفیر آهنین‌کوس / رُهبان کلیسیای اِفسوس
جادوی نهفته دیو پیدا / هاروت مشوّشان شیدا
کیخسرو بی‌کلاه و بی‌تخت / دل‌خوش‌کن صدهزار بی‌رخت
اقطاع‌ده سپاه موران / اورنگ‌نشین پشت گوران
دَرّاجهٔ قلعه‌های وسواس / دارندهٔ پاسِ دِیر بی‌پاس
مجنون غریب دل‌شکسته / دریای ز جوش نانشسته
یاری دو سه داشت، دل‌رمیده / چون او همه واقعه‌رسیده
با آن دو سه یار هر سحرگاه / رفتی به طواف کوی آن ماه
بیرون ز حساب نام لیلی / با هیچ سخن نداشت میلی

هرکس که جز این سخن گشادی　　نشنودی و پاسخش ندادی
آن کوه که نجد بود نامش　　لیلی به قبیله هم‌مقامش
از آتش عشق و دود اندوه　　ساکن نشدی مگر بر آن کوه
بر کوه شدی و می‌زدی دست　　افتان، خیزان چو مردم مست
آواز نَشید برکشیدی　　بی‌خود شده، سوبه‌سو دویدی
وآن‌گه مژه را پر آب کردی　　با باد صبا خطاب کردی
کی باد صبا! به صبح برخیز　　در دامن زلف لیلی آویز
گو آن که به باد دادهٔ توست　　بر خاکِ ره اوفتادهٔ توست
از باد صبا دم تو جوید　　با خاک زمین غم تو گوید
بادی بفرستش از دیارت　　خاکیش بده به یادگارت
هر کاو نه چو باد بر تو لرزد　　نه باد که خاک هم نیرزد
وآن‌کس که نه جان به تو سپارد　　آن به که ز غصّه جان برآرد
گر آتش عشق تو نبودی　　سیلاب غمت مرا ربودی
ور آب دو دیده نیستی یار　　دل سوختی آتش غمت زار
خورشید که او جهان‌فروز است　　از آه پرآتشم به سوز است
ای شمع نهانِ خانهٔ جان　　پروانهٔ خویش را مرنجان
جادو چشم تو بست خوابم　　تا گشت چنین جگر کبابم
ای درد و غم تو راحت دل　　هم مرهم و هم جراحت دل
قند است لب تو، گر توانی　　از وی قدری به من رسانی
کآشفتگی مرا درین بند　　معجون مُفرّح آمد آن قند

هم چشم بدی رسید ناگاه — کز چشم تو اوفتادم، ای ماه
بس میوهٔ آبدار چالاک — کز چشم بد اوفتاد بر خاک
انگشت‌کش زمانه‌اش کشت — زخمی‌ست کشنده، زخم انگشت
از چشم‌رسیدگی که هستم — شد چون تو رسیده‌ای ز دستم
نیلی که کشند گِرد رخسار — هست از پی زخم چشم اغیار
خورشید که نیلگون‌حروف است — هم چشم‌رسیدهٔ کسوف است
هر گنج که برقعی نپوشد — در بردن آن جهان بکوشد

رفتن مجنون به نظاره لیلی

روزی که هوای پرنیان‌پوش — خلخال فلک نهاد بر گوش
سیماب ستاره‌ها درآن صرف — شد زآتش آفتاب شنگرف
مجنونِ رمیده‌دل چو سیماب — با آن دو سه یار نازبرتاب
آمد به دیار یار پویان — لبّیک‌زنان و بیت‌گویان
می‌شد سوی یار دل رمیده — پیراهن صابری دریده
می‌گشت به گِرد خرمن دل — می‌دوخت دریده دامن دل
می‌رفت نَوان چو مردم مست — می‌زد به سر و به روی بر دست
چون کار دلش ز دست بگذشت — بر خرگه یار مست بگذشت
بر رسم عرب نشسته آن ماه — بربسته ز در، شکنج خرگاه
آن دید درین و حسرتی خَورد — وین دید درآن و نوحه‌ای کرد
لیلی چو ستاره در عماری — مجنون چو فلک به پرده‌داری
لیلی گَله‌بند باز کرده — مجنون گله‌ها دراز کرده

لیلی ز خروش چنگ در بر مجنون چو رباب دست بر سر

لیلی نه، که صبح گیتی‌افروز مجنون نه، که شمع خویشتن‌سوز

لیلی بگذار، باغ در باغ مجنون، غلطم که داغ بر داغ

لیلی چو قمر به روشنی چُست مجنون چو قَصَب برابرش سست

لیلی به درخت گل نشاندن مجنون به نثار دُر فشاندن

لیلی چه سخن؟ پری‌فشی بود مجنون چه حکایت؟ آتشی بود

لیلی سمنِ خزان ندیده مجنون چمنِ خزان رسیده

لیلی دم صبح پیش می‌برد مجنون چو چراغ پیش می‌مرد

لیلی به کرشمه زلف بر دوش مجنون به وفاش حلقه در گوش

لیلی به صبوح جان‌نوازی مجنون به سماع خرقه‌بازی

لیلی ز درون پرند می‌دوخت مجنون ز برون سپند می‌سوخت

لیلی چو گل شکفته می‌رست مجنون به گلاب دیده می‌شست

لیلی سر زلف، شانه می‌کرد مجنون دُرِ اشک، دانه می‌کرد

لیلی می مشک‌بوی در دست مجنون نه ز می، ز بوی می مست

قانع شده این ازان به بویی وآن راضی از این، به جستجویی

از بیم تجسّس رقیبان سازنده ز دور چون غریبان

تا چرخ بدین بهانه برخاست کان یک نظر از میانه برخاست

رفتن پدر مجنون به خواستاری لیلی

چون راه دیار دوست بستند بر جوی بریده پل شکستند

مجنون ز مشقّت جدایی کردی همه شب غزل‌سرایی

هردم ز دیار خویش پویان / بر نَجد شدی سرودگویان
یاری دو سه از پس اوفتاده / چون او همه عور و سرگشاده
سودازدهٔ زمانه گشته / در رسوایی فسانه گشته
خویشان همه در شکایت او / غمگین پدر از حکایت او
پندش دادند و پند نشنید / گفتند فسانه چند، نشنید
پند ار چه هزار سودمند است / چون عشق آمد، چه جای پند است؟
مسکین پدرش بمانده در بند / رنجوردل از برای فرزند
در پردهٔ آن خیال‌بازی / بیچاره شده ز چاره‌سازی
پرسید ز محرمان خانه / گفتند یکایک این فسانه
کو دل به فلان عروس داده است / کز پرده چنین به در فتاده است
چون قصّه شنید قصد آن کرد / کز چهرهٔ گل فشاند آن گرد
آن دُر که جهان بدو فروزد / بر تاج مراد خود بدوزد
وآن زینت قوم را به صد زین / خواهد ز برای قره‌العین
پیران قبیله نیز یکسر / بستند برآن مراد محضر
کان دُرّ نسفته را درآن سُفت / با گوهر طاق خود کند جفت
یکرویه شد آن گروه را رای / کآهنگ سفر کنند از آنجای
از راه نکاح اگر توانند / آن شیفته را به مه رسانند
چون سیّد عامری چنان دید / از گریه گذشت و بازخندید
با انجمنی بزرگ برخاست / کرد از همه‌روی برگ ره راست
آراسته با چنان گروهی / می‌رفت به بهترین شکوهی

چون اهل قبیلهٔ دلارام — آگاه شدند خاص تا عام
رفتند برون به میزبانی — ار راه وفا و مهربانی
در منزل مهر پی فشردند — وآن نُزل که بود پیش بردند
با سیّد عامری به یکبار — گفتند چه حاجت است؟ پیش آر
مقصود بگو که پاس داریم — در دادن آن سپاس داریم
گفتا که مرادم آشنایی‌ست — آن هم ز پی دو روشنایی‌ست
وآنگه پدر عروس را گفت — کآراسته باد جفت با جفت
خواهم به طریق مهر و پیوند — فرزند تو را ز بهر فرزند
کاین تشنه‌جگر که ریگ‌زاده است — بر چشمهٔ تو نظر نهاده است
هر چشمه که آب لطف دارد — چون تشنه خورد به جان گوارد
زین‌سان که من این مراد جویم — خجلت نبرم بر آنچه گویم
معروف‌ترینِ این زمانه — دانی که منم درین میانه
هم حشمت و هم خزینه دارم — هم آلت مهر و کینه دارم
من درخرم و تو درفروشی — بفروش متاع اگر بهوشی
چندانکه بها کنی پدیدار — هستم به زیادتی خریدار
هر نقد که آن بوَد بهایی — بفروش چو آمدش روایی
چون گفته شد این حدیث فرّخ — دادش پدر عروس پاسخ
کاین گفته نه بر قرار خویش است — میگو تو، فلک به کار خویش است
گرچه سخن آبدار بینم — با آتش تیز کی نشینم؟
گر دوستیی درین شمار است — دشمن‌کامیش صدهزار است

فرزند تو گرچه هست بِدرام / فرّخ نبود، چو هست خودکام
دیوانگیی همی‌نماید / دیوانه حریف ما نشاید
اوّل به دعا عنایتی کن / وآن‌گه ز وفا حکایتی کن
تا او نشود درست‌گوهر / این قصّه نگفتنی‌ست دیگر
گوهر به خلل خرید نتوان / در رشته خلل کشید نتوان
دانی که عرب چه عیبجویند / این کار کنم، مرا چه گویند؟
با من بکن این سخن فراموش / ختم است برین و گشت خاموش
چون عامریان سخن شنیدند / جز بازشدن دری ندیدند
نومید شده ز پیش رفتند / آزرده به جای خویش رفتند
هر یک چو غریبِ غم رسیده / از راه زبان ستم رسیده
مشغول بدانکه گنج بازند / وآن شیفته را علاج سازند
وآن‌گه به نصیحتش نشاندند / بر آتش، خار می‌فشاندند
کاینجا به ازان عروس دلبر / هستند بتان روح‌پرور
یاقوت‌لبانِ دُربُناگوش / هم غالیه‌پاش و هم قصب‌پوش
هر یک به قیاس چون نگاری / آراسته‌تر ز نوبهاری
در پیش صد آشنا که هستی / بیگانه چرا همی‌پرستی؟
بگذار کزین خجسته‌نامان / خواهیم تو را بتی خرامان
یاری که دل تو را نوازد / چون شکّر و شیر با تو سازد

زاری کردن مجنون در عشق لیلی

مجنون چو شنید پند خویشان / از تلخی پند شد پریشان

زد دست و درید پیرهن را / کاین مرده چه می‌کند کفن را؟
آن کز دو جهان برون زند تخت / در پیرهنی کجا کشد رخت؟

***

چون وامق از آرزوی عذرا / گه کوه گرفت و گاه صحرا
ترکانه ز خانه رخت بربست / در کوچگه رحیل بنشست
دُرّاعه درید و دِرع می‌دوخت / زنجیر برید و بند می‌سوخت
می‌گشت ز دور چون غریبان / دامن بدریده تا گریبان
بر کشتن خویش گشته والی / لاحول ازو به هر حوالی
دیوانه‌صفت شده به هر کوی / لیلی‌لیلی‌زنان به هر سوی
احرام دریده، سرگشاده / در کوی ملامت اوفتاده
با نیک و بدی که بود، درساخت / نیک از بد و بد ز نیک نشناخت
می‌خواند نَشید مهربانی / بر شوق ستارهٔ یمانی
هر بیت که آمد از زبانش / بر یاد گرفت این و آنش
حیران شده هر کسی در آن پی / می‌دید و همی‌گریست بر وی
او فارغ از آنکه مردمی هست / یا بر حرفش کسی نهد دست
حرف از ورق جهان سترده / می‌بود نه زنده و نه مرده
بر سنگ فتاده خوار چون گِل / سنگ دگرش فتاده بر دل
صافی تن او چو دُرد گشته / در زیر دو سنگ خُرد گشته
چون شمعِ جگرگداز مانده / یا مرغِ ز جفت بازمانده
در دل همه داغ دردناکی / بر چهره غبارهای خاکی

چون مانده شد از عذاب و اندوه سجّاده برون فکند از انبوه
بنشست و به های‌های بگریست کاوخ چه کنم؟ دوای من چیست؟
آواره ز خان‌ومان چنانم کز کوی به خانه ره ندانم
نه بر درِ دیر خود پناهی نه بر سر کوی دوست راهی
قَرّابهٔ نام و شیشهٔ ننگ افتاد و شکست بر سر سنگ
شد طبل بشارتم دریده من طبل رحیل برکشیده

***

ترکی که شکار لنگ اویم آماجگه خدنگ اویم
یاری که ز جان مطیعم او را در دادن جان شفیعم او را
گر مستم خواند یار، مستم ور شیفته گفت، نیز هستم
چون شیفتگی و مستی‌ام هست در شیفته، دل مجوی و در مست
آشفته چنان نی‌ام به تقدیر کاسوده شوم به هیچ زنجیر
ویران نه چنان شده‌ست کارم کابادی خویش چشم دارم
ای کاش که بر من اوفتادی خاکی که مرا به باد دادی
یا صاعقه‌ای درآمدی سخت هم خانه بسوختیّ و هم رخت
کس نیست که آتشی درآرد دود از من و جان من برآرد
اندازد در دَم نهنگم تا بازرهد جهان ز ننگم
از ناخلفی که در زمانم دیوانهٔ خلق و دیو خانَم
خویشان مرا ز خوی من خار یاران مرا ز نام من عار
خون‌ریز منِ خرابِ خسته هست از دیت و قصاص رسته

ای همنفسان مجلس و رود / بدرود شوید جمله، بدرود
کان شیشهٔ می که بود در دست / افتاده شد، آبگینه بشکست
گر در رهم آبگینه شد خرد / سیل آمد و آبگینه را برد
تا هر که به من رسید رایش / نآزارد از آبگینه پایش
ای بی‌خبران ز درد و آهم / خیزید و رها کنید راهم
من گم شده‌ام، مرا مجویید / با گمشدگان سخن مگویید
تا کی ستم و جفا کنیدم؟ / با محنت خود رها کنیدم
بیرون مکنید از این دیارم / من خود به گریختن سوارم
از پای فتاده‌ام چه تدبیر؟ / ای دوست بیا و دست من گیر
این خسته که دل‌سپردهٔ توست / زنده به تو بِه که مردهٔ توست
بنواز به لطف یک سلامم / جان تازه نما به یک پیامم
دیوانه منم به رای و تدبیر / در گردن تو چراست زنجیر؟
در گردن خود رسن میفکن / من بِه باشم رسن به گردن
زلف تو درید هرچه دل دوخت / این پرده‌دری ورا که آموخت؟
دل بردن زلف تو نه زور است / او هندو و روزگار کور است
کاری بکن ای نشان کارم / زین چَه که فروشدم، برآرم
یا دست بگیر از این فسوسم / یا پای بدار تا ببوسم
بیکار نمی‌توان نشستن / در کُنج خطاست دست بستن
بی‌رحمتم این چنین چه ماندی؟ / «اِرحَم تُرحَم» مگر نخواندی؟
آسوده که رنج برندارد / از رنجوران خبر ندارد

سیری که به گرسنه نهد خوان
خردک شکند به کاسه در نان

آن راست خبر از آتش گرم
کو دست درو زند بی‌آزرم

ای هم من و هم تو آدمیزاد
من خار خسک، تو شاخ شمشاد

زرنیخ چو زر کجا عزیز است؟
زان یک من، ازین به یک پشیز است

ای راحت جان من کجایی؟
در بردن جان من چرایی؟

جرم دل عذرخواه من چیست؟
جز دوستی‌ات گناه من چیست؟

یک شب ز هزار شب مرا باش
یک رای صواب گو خطا باش

گردن مکش از رضای این کار
در گردن من خطای این کار

این کمزده را که نام کم نیست
آزرم تو هست، هیچ غم نیست

صفرای تو گر مشام‌سوز است
لطفت ز پی کدام روز است؟

گر خشم تو آتشی زند تیز
آبی ز سرشک من بر او ریز

ای ماه نوام ستارهٔ تو
من شیفتهٔ نظارهٔ تو

به، گر به توام نمی‌نوازند
کآشفته و ماه نو نسازند

از سایه نشان تو نپرسم
کز سایهٔ خویشتن بترسم

من کار تو را به سایه دیده
تو سایه ز کار من بریده

بردی دل و جانم این چه شور است
این بازی نیست دست زور است

از حاصل تو که نام دارم
بی‌حاصلی تمام دارم

بر وصل تو گرچه نیست دستم
غم نیست، چو بر امید هستم

گر بیند طفل تشنه در خواب
کاو را به سبوی زر دهند آب

لیکن چو ز خواب خوش برآید
انگشت ز تشنگی بخاید

پایم چو دو «لام» خمپذیر است | دستم چو دو «یا» شکنجگیر است
نام تو مرا چو نام دارد | کو نیز دو «یا» دو «لام» دارد
عشق تو ز دل نهادنی نیست | وین راز به کس گشادنی نیست
با شیر به تن فروشُد این راز | با جان به درآید از تنم باز
این گفت و فتاد بر سر خاک | نظّارگیان شدند غمناک
گشتند به لطف چاره‌سازش | بردند به سوی خانه بازش
عشقی که نه عشق جاودانی‌ست | بازیچهٔ شهوت جوانی‌ست
عشق آن باشد که کم نگردد | تا باشد ازین قدم نگردد
آن عشق نه سرسری خیال است | کو را ابد الابد زوال است
مجنون که بلندنام عشق است | از معرفت تمام عشق است
تا زنده به عشق بارکش بود | چون گل به نسیم عشق خوش بود
واکنون که گلش رحیل‌یاب است | این قطره که ماند ازو گلاب است
من نیز بدان گلاب خوش‌بوی | خوش می‌کنم آب خود درین جوی

بردن پدر مجنون را به خانه کعبه

چون رایت عشق آن جهانگیر | شد چون مه لیلی آسمان‌گیر
هر روز خمیده‌نامتر گشت | در شیفتگی تمامتر گشت
هر شیفتگی کزآن نورد است | زنجیربُرِ صداع مرد است
برداشته دل ز کار او بخت | درمانده پدر به کار او سخت
می‌کرد نیایش از سر سوز | تا زان شب تیره بردمد روز
حاجتگاهی نرفته نگذاشت | الّا که برفت و دست برداشت

لیلی و مجنون

خویشان همه در نیاز با او
هر یک شده چاره‌ساز با او

بیچارگی ورا چو دیدند
در چاره‌گری زبان کشیدند

گفتند به اتفاق یک سر
کز کعبه گشاده گردد این در

حاجتگه جملهٔ جهان اوست
محراب زمین و آسمان اوست

پذرفت که موسم حج آید
ترتیب کند چنان‌که باید

چون موسم حج رسید برخاست
اشتر طلبید و محمل آراست

فرزند عزیز را به صد جهد
بنشاند چو ماه در یکی مهد

آمد سوی کعبه، سینه پرجوش
چون کعبه نهاد حلقه بر گوش

گوهر به میان زر برآمیخت
چون ریگ بر اهل ریگ می‌ریخت

شد در رهش از بسی خزانه
آن خانهٔ گنج، گنجخانه

آن دم که جمال کعبه دریافت
در یافتن مراد بشتافت

بگرفت به رِفق، دست فرزند
در سایهٔ کعبه داشت یک‌چند

گفت ای پسر این نه جای بازی‌ست
بشتاب که جای چاره‌سازی‌ست

در حلقهٔ کعبه، حلقه کن دست
کز حلقهٔ غم بدو توان رست

***

گو یارب از این گزاف‌کاری
توفیق دِهَم به رستگاری

رحمت کن و در پناهم آور
زین شیفتگی به راهم آور

***

دریاب که مبتلای عشقم
وآزاد کن از بلای عشقم

مجنون چو حدیث عشق بشنید
اوّل بگریست، پس بخندید

از جای چو مارِ حلقه برجست　　در حلقهٔ زلف کعبه زد دست
می‌گفت گرفته حلقه در بر　　کامروز منم چو حلقه بر در
در حلقهٔ عشق جان فروشم　　بی‌حلقهٔ او مباد گوشم
گویند ز عشق کن جدایی　　کاین است طریق آشنایی
من قوت ز عشق می‌پذیرم　　گر میرَد عشق، من بمیرم
پروردهٔ عشق شد سرشتم　　جز عشق مباد سرنوشتم
آن دل که بوَد ز عشق خالی　　سیلاب غمش بَراد، حالی
یارب به خدایی خداییت　　وآن‌گه به کمال پادشاییت
کز عشق به غایتی رسانم　　کو مانَد اگر چه من نمانم
از چشمهٔ عشق دِه مرا نور　　وین سرمه مکن ز چشم من دور
گرچه ز شراب عشق مستم　　عاشق‌تر ازین کنم که هستم
گویند که خو ز عشق واکن　　لیلی‌طلبی ز دل رها کن
یا رب تو مرا به روی لیلی　　هر لحظه بده زیاده میلی
از عمر من آنچه هست بر جای　　بستان و به عمر لیلی افزای
گرچه شده‌ام چو مویش از غم　　یک موی نخواهم از سرش کم
از حلقهٔ او به گوشمالی　　گوش ادبم مباد خالی
بی‌بادهٔ او مباد جامم　　بی‌سکّهٔ او مباد نامم
جانم فدی جمال بادش　　گر خون خورَدم حلال بادش
گرچه ز غمش چو شمع سوزم　　هم بی‌غم او مباد روزم
عشقی که چنین به جای خود باد　　چندان‌که بوَد، یکی به صد باد
می‌داشت پدر به سوی او گوش　　کاین قصّه شنید گشت خاموش

دانست که دل اسیر دارد / دردی نه دواپذیر دارد
چون رفت به خانه سوی خویشان / گفت آنچه شنید پیش ایشان
کاین سلسله‌ای که بند بشکست / چون حلقهٔ کعبه دید در دست
زو زمزمه‌ای شنید گوشم / کآورد چو زمزمی به جوشم
گفتم مگر آن صحیفه خواند / کز محنت لیلی‌اش رهاند
او خود همه کام و رای او گفت / نفرین خود و دعای او گفت

آگاهی پدر مجنون از قصد قبیله لیلی

چون گشت به عالم این سخن فاش / افتاد ورق به دست اوباش
کز غایت عشق دلستانی / شد شیفته نازنین جوانی
هر نیک و بدی کزو شنیدند / در نیک و بدی زبان کشیدند
لیلی ز گزاف یاوه‌گویان / در خانهٔ غم نشست مویان
شخصی دو ز خِیل آن جمیله / گفتند به شاه آن قبیله
کآشفته جوانی از فلان دشت / بدنام کنِ دیار ما گشت
آید همه روز سرگشاده / جوقی چو سگ از پی اوفتاده
در حِلّهٔ ما ز راه افسوس / گه رقص کند، گهی زمین بوس
هر دم غزلی دگر کند ساز / هم خوش‌غزل است و هم خوش‌آواز
او گوید و خلق یاد گیرند / ما را و تو را به باد گیرند
در هر غزلی که می‌سراید / صد پرده‌دری همی‌نماید
لیلی ز نفیر او به داغ است / کاین باد هلاک آن چراغ است
بنمای به قهر گوشمالش / تا بازرَهَد مَه از وبالش

چون آگه گشت شحنه زین حال
دزد آبله‌پای و شحنه قتّال

شمشیر کشید و داد تابش
گفتا که بدین دهم جوابش

از عامریان یکی خبر داشت
این قصّه به حَیّ خویش برداشت

با سیّد عامری در آن باب
گفت آفت نارسیده دریاب

کآن شحنهٔ جان‌ستان خون‌ریز
آبی تند است و آتشی تیز

ترسم مجنون خبر ندارد
آنگه دارد که سر ندارد

زآن چاه گشاده‌سر که پیش است
دریافتنش به جای خویش است

سرگشته پدر ز مهربانی
برجست به شَفقتی که دانی

فرمود به دوستان همزاد
تا بر پی او روند چون باد

آن سوخته را به دل‌نوازی
آرند ز راه چاره‌سازی

هرسو به طلب شتافتندش
جُستند ولی نیافتندش

گفتند مگر کاجل رسیدش
یا چنگ درنده‌ای دریدش

هر دوستی از قبیله‌گاهی
می‌خورد دریغ و می‌زد آهی

گریان همه اهل خانهٔ او
از گم شدن نشانهٔ او

وآن گوشه‌نشین گوش‌سُفته
چون گنج به گوشه‌ای نهفته

از مشغله‌های جوش بر جوش
هم گوشه گرفته بود و هم گوش

در طرف چنان شکارگاهی
خرسند شده به گرد راهی

گرگی که به زور شیر باشد
روبه به ازو چو سیر باشد

بازی که نشد به خورد محتاج
رغبت نکند به هیچ دُرّاج

خشکار، گرسنه را کلیچ است
با سیری، نانِ میده هیچ است

چون طبع به اشتها شود گرم
گاورس درشت را کند نرم

حلوا که طعام نوش‌بهر است
در هیضه خوری، به جای زهر است

مجنون که ز نوش بود بی‌بهر
می‌خورد نواله‌های چون زهر

می‌داد ز راه بینوایی
کالای کساد را روایی

نه نه، غم او نه آن‌چنان بود
کز غایت او غمی توان بود

کآن غم که بدو برات می‌داد
از بند خودش نجات می‌داد

در جستن گنج، رنج می‌برد
بی‌آنکه رهی به گنج می‌برد

شخصی ز قبیلهٔ بنی‌سعد
بگذشت بر او چو طالع سعد

دیدش به کنارهٔ سرابی
افتاده خراب در خرابی

چون لنگر بیت خویشتن لنگ
معنیش فراخ و قافیَت تنگ

یعنی که کسی ندارم از پس
بی‌قافیت است مرد بی‌کس

چون طالع خویشتن کمان‌گیر
در سجده کمان و در وفا تیر

یعنی که وبالش آن نشان داشت
کآمیزش تیر در کمان داشت

جز ناله کسی نداشت همدم
جز سایه کسی نیافت محرم

مرد گذرنده چون در او دید
شکلی و شمایلی نکو دید

پرسید سخن ز هر شماری
جز خامشی‌اش ندید کاری

چون از سخنش امید برداشت
بگذشت و ورا به جای بگذاشت

زآنجا به دیار او گذر کرد
زو اهل قبیله را خبر کرد

کاینک به فلان خرابیِ تنگ
می‌پیچد همچو مار بر سنگ

دیوانه و دردمند و رنجور
چون دیو ز چشم آدمی دور

از خوردن زخم سفته جانش	پیدا شده مغز استخوانش
بیچاره پدر چو زو خبر یافت	روی از وطن و قبیله برتافت
می‌گشت چو دیو گرد هر غار	دیوانهٔ خویش را طلبکار
دیدش به رفاق گوشه‌ای تنگ	افتاده و سر نهاده بر سنگ
با خود غزلی همی‌سگالید	گه نوحه نمود و گاه نالید
خوناب جگر ز دیده ریزان	چون بخت خود اوفتان و خیزان
از بادهٔ بی‌خودی چنان مست	کآگه نَه که در جهان کسی هست
چون دید پدر، سلام دادش	پس دلخوشیی تمام دادش
مجنون چو صلابت پدر دید	در پای پدر چو سایه غلتید
کی تاج سر و سریر جانم	عذرم بپذیر ناتوانم
می‌بین و مپرس حالتم را	می‌کن به قضا حوالتم را
چون خواهم چون؟ که در چنین روز	چشم تو ببیندم بدین روز
از آمدن تو روسیاهم	عذرت به کدام روی خواهم
دانی که حساب کار چون است	سررشته ز دست ما برون است

پند دادن پدر مجنون را

چون دید پدر به حال فرزند	آهی بزد و عمامه بفکند
نالید چو مرغ صبحگاهی	روزش چو شبی شد از سیاهی
گفت ای ورق شکنج‌دیده	چون دفتر گل ورق دریده
ای شیفته چند بی‌قراری؟	وی سوخته چند خامکاری؟
چشم که رسید در جمالت؟	نفرین که داد گوشمالت؟

خون که گرفت گردنت را؟ — خار که خلید دامنت را؟
از کار شدی، چه کارت افتاد؟ — در دیده کدام خارت افتاد؟
شوریده بوَد نه چون تو بدبخت — سختیش رسد، نه این‌چنین سخت
مانده نشدی ز غم کشیدن؟ — وز طعنهٔ دشمنان شنیدن؟
دل سیر نگشتی از ملامت؟ — زنده نشدی بدین قیامت؟
بس کن هوسی که پیش بردی — کآب من و سنگ خویش بردی
در خرگهِ کارِ خرده‌کاری — عیبی است بزرگ بی‌قراری
عیب ارچه درون پوست بهتر — آیینهٔ دوست، دوست بهتر
آیینه ز روی راستگویی — بنماید عیب تا بشویی
آیینه ز خوب و زشت پاک است — این تعبیه خانه‌زای خاک است
بنشین و ز دل رها کن این درد — آن به که نکوبی آهنِ سرد
گیرم که نداری آن صبوری — کز دوست کنی به صبر دوری
آخر کم از آنکه گاهگاهی — آیی و به ما کنی نگاهی؟
هرکس به هوای دل تکی راند — وز بهر گریختن تکی ماند
بی‌باده کفایت است مستی — بی‌آرزو آرزوپرستی
تو رفته به باد داده خرمن — من مانده چنین به کام دشمن
تا در من و در تو سکّه‌ای هست — این سکّهٔ بد رها کن از دست
تو رود زنیّ و من زنم ران — تو جامه دَریّ و من دَرَم جان
عشق ار ز تو آتشی برافروخت — دل سوخت تو را، مرا جگر سوخت
نومید مشو ز چاره جستن — کز دانه شگفت نیست رستن

کاری که نه زو امید داری	باشد سبب امیدواری
در نومیدی بسی امید است	پایان شب سیه سپید است
با دولتیان نشین و برخیز	زین بخت گریزپای بگریز
آواره مباد دولت از دست	چون دولت هست، کام دل هست
دولت سبب گره‌گشایی‌ست	پیروزهٔ خاتم خدایی‌ست
فتحی که بدو جهان گشادند	در دامن دولتش نهادند
گر صبر کنی، به صبر بی‌شک	دولت به تو آید اندک‌اندک
دریا که چنین فراخ‌روی است	پالایش قطره‌های جوی است
وان کوه بلند کابرناک است	جمع آمده ریزه‌های خاک است
هان تا نشوی به صابری سست	گوهر به درنگ می‌توان جست
بی‌رای مشو که مردِ بی‌رای	بی‌پای بود، چو کرمِ بی‌پای
روباه ز گرگ بهره زان برد	کاین رای بزرگ دارد، آن خرد
دل را به کسی چه بایدت داد	کو ناوردت به سال‌ها یاد؟
او بی‌تو چو گُل، تو پای در گِل	او سنگدل و تو سنگ بر دل
گر با تو حدیث او بگویند	رسوایی کار تو بجویند
زهری‌ست به قهر نفس دادن	کژدم‌زده را کرفس دادن
مشغول شو ای پسر به کاری	تا بگذری از چنین شماری
هندو ز چه مغز پیل خارد؟	تا هندستان به یاد نارد
جانیّ و عزیزتر ز جانی	در خانه بمان که خان‌ومانی
از کوه گرفتنت چه خیزد؟	جز آب که آن ز روی ریزد

هم سنگ درین ره است و هم چاه
می‌دار ز هر دو، چشم بر راه

مستیز که شحنه در کمین است
زنجیر مبر که آهنین است

تو طفل رهیّ و فتنه رهدار
شمشیر ببین و سر نگه‌دار

پیش آر ز دوستان تنی چند
خوش باش به رغم دشمنی چند

جواب دادن مجنون پدر را

مجنون به جواب آن شکرریز
بگشاد لب طبرزدانگیز

گفت ای فلک شکوهمندی
بالاترت از فلک بلندی

شاه دمن و رئیس اَطلال
روی عرب از تو عنبرین‌خال

درگاه تو قبلهٔ سجودم
زنده به وجود تو وجودم

خواهم که همیشه زنده مانی
خود بی‌تو مباد زندگانی

زین پند خزینه‌ای که دادی
بر سوخته مرهمی نهادی

لیکن چه کنم منِ سیه‌روی؟
کافتاده به خود نی‌اَم در این کوی

زین ره که نه برقرار خویشم
دانی نه به اختیار خویشم

من بسته و بندم آهنین است
تدبیر چه سود؟ قسمت این است

این بند به خود گشاد نتوان
وین بار ز خود نهاد نتوان

***

تنها نه منم ستمرسیده
کو دیده که صد چو من ندیده؟

سایه نه به خود فتاد در چاه
بر اوج به خویشتن نشد ماه

از پیکر پیل تا پَرِ مور
کس نیست که نیست بر وی این زور

***

سنگ از دل تنگ من بکاهد	دل‌تنگی خویشتن که خواهد؟
بخت بد من مرا بجوید	بدبختی را ز خود که شوید؟
گر دسترسی بُدی در این راه	من بودمی آفتاب یا ماه
چون کار به اختیار ما نیست	به کردنِ کار، کار ما نیست
خوشدل نزیَم منِ بلاکش	وان کیست که دارد او دل خوش

***

چون برق ز خنده لب ببندم	ترسم که بسوزم ار بخندم
گویند مرا چرا نخندی؟	گریه‌ست نشان دردمندی
ترسم چو نشاط خنده خیزد	سوز از دهنم برون گریزد

حکایت

کبکی به دهن گرفت موری	می‌کرد بر آن ضعیف زوری
زد قهقهه مور بی‌کرانی	کی کبک، تو این‌چنین ندانی
شد کبک دری ز قهقهه سست	کاین پیشهٔ من، نه پیشهٔ توست
چون قهقهه کرد کبک، حالی	منقار ز مور کرد خالی
هر قهقهه کاین چنین زند مرد	شک نه که شکوه ازو شود فرد
خنده که نه در مقام خویش است	درخورد هزار گریه بیش است
چون من ز پی عذاب و رنجم	راحت به کدام عشوه سنجم؟
آن پیر خری که می‌کشد بار	تا جانش هست، می‌کند کار
آسودگی آنگهی پذیرد	کز زیستنِ چنین، بمیرد

***

لیلی و مجنون

در عشق چه جای بیم تیغ است؟ — تیغ از سر عاشقان دریغ است
عاشق ز نهیب جان نترسد — جانان‌طلب از جهان نترسد
چون ماه من اوفتاد در میغ — دارم سر تیغ، کو سر تیغ؟
سر کاو ز فدا دریغ باشد — شایستهٔ تشت و تیغ باشد
زین جان که بر آتش اوفتاده‌ست — با ناخوشی‌ام خوش اوفتاده‌ست
جانی‌ست مرا بدین تباهی — بگذار، ز جان من چه خواهی؟
مجنون چو حدیث خود فروگفت — بگریست پدر بدانچه او گفت
زین گوشه پدر نشسته گریان — زان سو پسر اوفتاده عریان
پس بار دگر به خانه بردش — بنواخت به دوستان سپردش
وآن شیفته‌دل به شوربختی — می‌کرد صبوریی به سختی
روزی دو سه در شکنجه می‌زیست — زآن‌گونه که هر که دید، بگریست
پس پرده درید و آه برداشت — سوی در و دشت راه برداشت
می‌زیست به رنج و ناتوانی — می‌مُرد، کدام زندگانی؟
چون گرم شدی به عشق وجدش — بردی به نشاطگاه نجدش
بر نجد شدی چو شیر سرمست — آهن بر پای و سنگ بر دست
چون برزدی از نفیر جوشی — گفتی غزلی به هر خروشی
از هر طرفی خلایق انبوه — نظّاره شدی به گرد آن کوه
هر نادره‌ای کزو شنیدند — در خاطر و در قلم کشیدند
بردند به تحفه‌ها در آفاق — زان غُنیه غنی شدند عشّاق

در احوال لیلی

سردفتر آیت نکویی
شاهنشه ملک خوبرویی

فهرست جمال هفت پرگار
از هفت خلیفه جامگی‌خوار

رشک رخ ماه آسمانی
رنج دل سرو بوستانی

منصوبه‌گشای بیم و امید
میراث‌ستان ماه و خورشید

محرابِ نمازِ بت‌پرستان
قندیل سرای و سرو بستان

هم‌خوابهٔ عشق و همسر ناز
هم خازن و هم خزینه‌پرداز

پیرایه‌گر پرندپوشان
سرمایه‌دهِ شکرفروشان

دل‌بند هزار دُرّ مکنون
زنجیربُر هزار مجنون

لیلی که به خوبی آیتی بود
وانگشت‌کش ولایتی بود

سیراب گلش پیاله در دست
از غنچهٔ نوبری برون جست

سرو سهی‌اش کشیده‌تر شد
میگون رطبش رسیده‌تر شد

می‌رُست به باغ دل‌فروزی
می‌کرد به غمزه خلق‌سوزی

از جادویی که در نظر داشت
صد ملک به نیم غمزه برداشت

می‌کرد به وقت غمزه‌سازی
بر تازی و ترک، ترکتازی

صیدی ز کمند او نمی‌رَست
غمزش بگرفت و زلف می‌بَست

از آهوی چشم نافه‌وارش
هم نافه، هم آهوان شکارش

وز حلقهٔ زلف، وقت نخجیر
بر گردن شیر بست زنجیر

از چهره گل، از لب انگبین کرد
کان دید طبرزد، آفرین کرد

دلداده هزار نازنینش
در آرزوی گل‌انگبینش

زلفش ره بوسه‌خواه می‌رُفت	مژگانش «خدا دهاد» می‌گفت
زلفش به کمند پیش می‌خواند	مژگانش به «دور باش» می‌راند
برده به دو رخ ز ماه بیشی	گل را دو پیاده داده پیشی
قدّش چو کشیده زادسروی	رویش چو به سرو بر تذروی
لبهاش که خنده بر شکر زد	انگشت کشیده بر طبرزد
لعلش که حدیث بوس می‌کرد	بر تُنگ شکر فسوس می‌کرد
چاه زنخش که سرگشاده	صد دل به غلط در او فتاده
زلفش رسنی فکنده در راه	تا هر که فتد برآرد از چاه
با این‌همه ناز و دلستانی	خون شد جگرش ز مهربانی
در پرده که راه بود بسته	می‌بود چو پرده برشکسته
می‌رفت نهفته بر سر بام	نظّاره‌کنان ز صبح تا شام
تا مجنون را چگونه بیند؟	با او نفسی کجا نشیند؟
او را به کدام دیده جوید؟	با او غم دل چگونه گوید؟
از بیم رقیب و ترس بدخواه	پوشیده به نیمه‌شب زدی آه
چون شمع به زهرخنده می‌زیست	شیرین خندید و تلخ بگریست
گل را به سرشک می‌خراشید	وز چوب رفیق می‌تراشید
می‌سوخت به آتش جدایی	نه دود در او نه روشنایی
آیینهٔ درد پیش می‌داشت	مونس ز خیال خویش می‌داشت
پیدا شغبی چو باد می‌کرد	پنهان جگری چو خاک می‌خورد
جز سایه نبود پرده‌دارش	جز پرده کسی نه غمگسارش

از بس که به سایه راز می‌گفت / همسایهٔ او به شب نمی‌خفت
می‌ساخت میان آب و آتش / گفتی که پری‌ست آن پریوش
خنیاگر زن صریر دوک است / تیر آلت جعبهٔ ملوک است
او دوک دو سر فکنده از چنگ / برداشته تیرِ یکسر آهنگ
از یک سر تیر کارگر شد / سرگردان دوک ازان دو سر شد
دریا دریا گهر برآهیخت / کشتی کشتی ز دیده می‌ریخت
می‌خورد غمی به زیر پرده / غم خورده ورا و غم نخورده
در گوش نهاده حلقهٔ زر / چون حلقه نهاده گوش بر در
با حلقهٔ گوش خویش می‌ساخت / وآن حلقه به گوش کس نینداخت
در جستن نور چشمهٔ ماه / چون چشمه بمانده چشم بر راه
تا خود که بدو پیامی آرد / زآرام دلش سلامی آرد
بادی که ز نجد بردمیدی / جز بوی وفا در او ندیدی
وابری که ازان طرف گشادی / جز آب لَطَف بدو ندادی
هرجا که ز کنج خانه می‌دید / بر خود غزلی روانه می‌دید
هر طفل که آمدی ز بازار / بیتی گفتی نشانده بر کار
هرکس که گذشت زیر بامش / می‌داد به بیتکی پیامش
لیلی که چنان ملاحتی داشت / در نظم سخن فصاحتی داشت
ناسفته دُریّ و دُر همی سفت / چون خود همه بیت بکر می‌گفت
بیتی که ز حسب حال مجنون / خواندی به مثل چو دُرّ مکنون
آن را دگری جواب گفتی / آتش بشنیدی، آب گفتی

پنهان ورقی به خون سرشتی	وآن بیتک را بر او نوشتی
بر راهگذر فکندی از بام	دادی ز سمن به سرو پیغام
آن رقعه کسی که برگرفتی	برخواندی و رقص درگرفتی
بردیّ و بدان غریب دادی	کز وی سخن غریب زادی
او نیز بدیهه‌ای روانه	گفتی به نشان آن نشانه
زین‌گونه میان آن دو دل‌بند	می‌رفت پیام‌گونه‌ای چند
زآوازهٔ آن دو بلبل مست	هر بَلبَله‌ای که بود بشکست
زآن هر دو بریشم خوش‌آواز	بر ساز بسی بریشم ساز
بر رود رباب و نالهٔ چنگ	یکرنگ نوای آن دو آهنگ
زایشان سخنی به نکته راندن	وز چنگ زدن، ز نای خواندن
از نغمهٔ آن دو همترانه	مطرب شده کودکان خانه
خصمان درِ طعنه باز کردند	در هر دو زبان دراز کردند
وایشان ز بد گزاف‌گویان	خود را به سرشک دیده شویان
بودند بر این طریق سالی	قانع به خیال و چون خیالی

رفتن لیلی به تماشای بوستان

چون پرده کشید گل به صحرا	شد خاک به روی گل مطرّا
خندید شکوفه بر درختان	چون سکّهٔ روی نیک‌بختان
از لالهٔ سرخ و از گل زرد	گیتی علم دورنگ برکرد
از برگ و نوا به باغ و بستان	با برگ و نوا هزاردستان
سیرابی سبزه‌های نوخیز	از لؤلؤ تر زمرّدانگیز
لاله ز ورق فشانده شنگرف	کافتاده سیاهی‌اش بر آن حرف

لیلی و مجنون

زلفین بنفشه از درازی   در پای فتاده وقت بازی

غنچه کمر استوار می‌کرد   پیکان‌کشیی ز خار می‌کرد

گل یافت سِتَبرَق حریری   شد باد به گوشواره‌گیری

نیلوفر از آفتاب، گلرنگ   بر آب سپر فکند بی‌جنگ

سنبل سر نافه باز کرده   گل دست بدو دراز کرده

شمشاد به جعد شانه کردن   گلنار به نار دانه کردن

نرگس ز دماغ آتشین‌تاب   چون تب‌زدگان بجسته از خواب

خورشید ز قطره‌های باده   خون از رگ ارغوان گشاده

زآن چشمهٔ سیم کز سمن رُست   نسرین ورقی که داشت، می‌شست

گل دیده به بوس باز می‌کرد   چون مثل ندید، ناز می‌کرد

سوسن نه زبان که تیغ در بر   نی نی، غلطم که تیغ بر سر

مرغانِ زبان‌گرفته چون زاغ   بگشاده زبان مرغ در باغ

دُرّاج ز دل کبابی انگیخت   قمری نمکی ز سینه می‌ریخت

هرفاخته بر سر چناری   در زمزمهٔ حدیث یاری

بلبل ز درخت سر کشیده   مجنون‌صفت آه برکشیده

گل چون رخ لیلی از عماری   بیرون زده سر به تاجداری

در فصل گلی چنین همایون   لیلی ز وُثاق رفت بیرون

بند سر زلف تاب داده   گل را ز بنفشه آب داده

از نوش‌لبان آن قبیله   گردش چو گهر یکی طویله

ترکان عرب‌نشین‌نشان نام   خوش باشد ترک تازی‌اندام

در حلقهٔ آن بتانِ چون حور — می‌رفت چنان‌که چشم بد دور
تا سبزهٔ باغ را ببینند — در سایهٔ سرخ‌گل نشینند
با نرگس تازه جام گیرد — با لاله نبید خام گیرد
از زلف دهد بنفشه را تاب — وز چهره گل شکفته را آب
آموزد سرو را سواری — شوید ز سمن سپیدکاری
از نافهٔ غنچه باج خواهد — وز ملک چمن خراج خواهد
بر سبزه ز سایه نخل بندد — بر صورت سرو و گل بخندد
نه نه، غرضش نه این سخن بود — نه سرو و گل و نه نسترن بود
بودش غرض آنکه در پناهی — چون سوختگان برآرد آهی
با بلبل مست راز گوید — غم‌های گذشته بازگوید
یابد ز نسیم گلستانی — از یار غریب خود نشانی
باشد که دلش گشاده گردد — باری ز دلش فتاده گردد
نخلستانی بدان زمین بود — کآرایش نقش‌بند چین بود
از حُلّه به حُلّه نخلگاهش — در باغ ارم گشاده راهش
نُزهتگاهی چنان گزیده — در بادیه چشم کس ندیده
لیلیّ و دگر عروس‌نامان — رفتند بدان چمن خرامان
چون گل به میان سبزه بنشست — بر سبزه ز سایه گل همی‌بست
هرجا که نسیم او درآمد — سوسن بشکفت و گل برآمد
بر هر چمنی که دست می‌شست — شمشاد دمید و سرو می‌رست
با سروبُنانِ لاله‌رخسار — آمد به نشاط و خنده در کار

تا یک‌چندی نشاط می‌ساخت　　آخر ز نشاطگه برون تاخت

تنها بنشست زیر سروی　　چون بر پر طوطیی تذروی

بر سبزه نشسته خرمن گل　　نالید چو در بهار بلبل

نالید و به ناله در نهانی　　می‌گفت ز روی مهربانی

کای یار موافق وفادار　　وی چون من و هم به من سزاوار

ای سرو جوانهٔ جوانمرد　　وی با دل گرم و با دم سرد

آی از درِ آنکه در چنین باغ　　آییّ و زدایی از دلم داغ

با من به مراد دل نشینی　　من نارون و تو سرو بینی

گیرم ز مَنَت فراغ من نیست　　پروای سرای و باغ من نیست

آخر به زبان نیک‌نامی　　کم زآنکه فرستی‌اَم پیامی؟

ناکرده سخن هنوز پرواز　　کز رهگذری برآمد آواز

شخصی غزلی چو دُرِّ مَکنون　　می‌خواند ز گفته‌های مجنون

کی پرده‌درِ صلاح کارم　　امّیدِ تو باد پرده‌دارم

مجنون به میان موج خون است　　لیلی به حساب کار چون است؟

مجنون جگری همی‌خراشد　　لیلی نمک از که می‌تراشد؟

مجنون به خدنگ خار سُفته‌ست　　لیلی به کدام ناز خفته‌ست؟

مجنون به هزار نوحه نالد　　لیلی چه نشاط می‌سگالد؟

مجنون همه درد و داغ دارد　　لیلی چه بهار و باغ دارد؟

مجنون کمر نیاز بندد　　لیلی به رخ که بازخندد؟

مجنون ز فراق، دل‌رمیده‌ست　　لیلی به چه راحت آرمیده‌ست؟

لیلی چو سماع این غزل کرد | بگریست و ز گریه سنگ حل کرد
زآن سروبُنان بوستانی | می‌دید در او یکی نهانی
کز دوری دوست بر چه سان است | بر دوست چگونه مهربان است
چون بازشدند سوی خانه | شد دَر صدف آن دُرِ یگانه
داننده راز، راز ننهفت | با مادرش آنچه دید برگفت
تا مادر مشفقش نوازد | در چاره‌گریش چاره سازد
مادر ز پی عروس ناکام | سرگشته شده چو مرغ در دام
می‌گفت گرش گذارم از دست | آن شیفته گشت و این شود مست
ور صابریی بدو نمایم | برناید ازو، وزو برآیم
بر حسرت او دریغ می‌خورد | می‌خورد دریغ و صبر می‌کرد
لیلی که چو گنج شد حصاری | می‌بود چو ماه در عماری
می‌زد نفسی گرفته چون میغ | می‌خورد غمی نهفته چون تیغ
دل‌تنگ چنان‌که بود، می‌زیست | بی‌تنگدلی به عشق در کیست؟

خواستاری ابن سلام لیلی را

فهرستکش نشاط این باغ | بر ران سخن چنین کشد داغ
کآن روز که مَه به باغ می‌رفت | چون ماه دوهفته کرده هر هفت
گل بر سر سرو دسته بسته | بازار گلاب و گل شکسته
زلفین مسلسلش گره‌گیر | پیچیده چو حلقه‌های زنجیر
در ره ز بنی‌اسد جوانی | دیدش چو شکفته گلستانی
شخصی هنری به سنگ و سایه | در چشم عرب بلندپایه

بسیار قبیله و قرابات / کارش همه خدمت و مراعات
گوش همه خلق بر سلامش / بخت ابن‌سلام کرده نامش
هم سیم‌خدا و هم قوی‌پشت / خلقی سوی او کشیده انگشت
از دیدن آن چراغ تابان / در چاره چو باد شد شتابان
آگه نه که گرچه گنج بازد / با باد چراغ درنسازد
چون سوی وطنگه آمد از راه / بودش طمع وصال آن ماه
مه را نگرفت کس در آغوش / این نکته مگر شدش فراموش
چاره طلبید و کس فرستاد / در جستن عقد آن پری‌زاد
تا لیلی را به خواستاری / در موکب خود کشد عماری
نیرنگ نمود و خواهش انگیخت / خاکی شد و زر چو خاک می‌ریخت
پذرفت هزار گنج شاهی / وز رَمگَله بیش از آنکه خواهی
چون رفت میانجی سخنگوی / در جستن آن نگار دلجوی
خواهشگریی به دست‌بوسی / می‌کرد ز بهر آن عروسی
هم مادر و هم پدر نشستند / و امّید در آن حدیث بستند
گفتند سخن به جای خویش است / لیکن قدری درنگ پیش است
کاین تازه بهار بوستانی / دارد عَرَضی ز ناتوانی
چون ما ز بهیش بازخندیم / شکرانه دهیم و عقد بندیم
این عقد نشان سود باشد / ان‌شاءالله که زود باشد
امّا نه هنوز، روزکی چند / می‌باید شد به وعده خرسند
تا غنچهٔ گل شکفته گردد / خار از در باغ رُفته گردد

گردنش به طوق زر درآریم	با طوق زرش به تو سپاریم
چون ابن‌سلام ازان نیازی	شد نامزد شکیب‌سازی
مرکب به دیار خویشتن راند	بنشست و غبار خویش بنشاند

رسیدن نوفل به مجنون

لیلی پس پردهٔ عماری	در پرده‌دری ز پرده‌داری
از پردهٔ نام و ننگ رفته	در پردهٔ نای و چنگ رفته
نقل دهن غزل‌سرایان	ریحانی مغز عطرسایان
در پردهٔ عاشقان خنیده	زخم دف مطربان چشیده
افتاده چو زلف خویش در تاب	بی‌مونس و بی‌قرار و بی‌خواب
مجنونِ رمیده نیز در دشت	سرگشته چو بخت خویش می‌گشت
بی‌عذر همی دوید عَذرا	در موکب وحشیان صحرا
بوری به هزار زور می‌راند	بیتی به هزار درد می‌خواند
بر نجد شدی ز تیزوجدی	شیخانه، ولی نه شیخ نجدی
بر زخمهٔ عشق کوفتی پای	وز صدمهٔ آه روفتی جای
هر عاشق کآه وی شنیدی	هر جامه که داشتی دریدی
از نرمدلان ملک آن بوم	بود آهنی آبداده چون موم
نوفل نامی که از شجاعت	بود آن طرفش به زیر طاعت
لشکرشکنی به زخم شمشیر	در مِهر غزال و در غضب شیر
هم حشمت‌گیر و هم حَشَمدار	هم دولتمند و هم دِرَمدار
روزی ز سر قوی‌سلاحی	آمد به شکار آن نواحی

در رخنهٔ غارهای دلگیر
می‌گشت به جستجوی نخجیر
دید آبله‌پای دردمندی
بر هر مویی ز مویه بندی
محنت‌زده‌ای غریب و رنجور
دشمن‌کامی ز دوستان دور
وحشی شده از میان مردم
وحشی دو سه اوفتاده در دُم

***

پرسید ز خوی و از خصالش
گفتند چنان‌که بود حالش
کز مِهر زنی بدین حزینی
دیوانه شد این‌چنین که بینی
گردد شب و روز بیت‌گویان
آن غالیه را ز باد جویان
هر باد که بوی او رساند
صد بیت و غزل بدو بخواند
هر ابر کزان دیار پوید
شعری چو شکر بدو بگوید
آیند مسافران ز هر بوم
بینند در این غریب مظلوم
آرند شراب یا طعامی
باشد که بدو دهند جامی
گیرد به هزار جهد یک جام
وآن نیز به یاد آن دلارام
در کار همه شمارش این است
این است شمار کارش، این است
نوفل چو شنید حال مجنون
گفتا که ز مردمی است اکنون
کاین دل‌شده را چنان‌که دانم
کوشم که به کام دل رسانم

***

از پشت سمندِ خیزران‌دست
ران بازگشاد و بر زمین جست
آن‌گاه ورا به پیش خود خواند
با خویشتنش به سفره بنشاند
می‌گفت فسانه‌های گرمش
چندان‌که چو موم کرد نرمش

گوینده چو دید کان جوانمرد / بی‌دوست نواله‌ای نمی‌خورد
هرچ آن نه حدیث دوست بودی / گر خود همه مغز پوست بودی
از هر نمطی که قصّه می‌خواند / جز در لیلی سخن نمی‌راند
وان شیفتهٔ ز ره رمیده / زآنها که شنیده آرمیده
خوش‌دل شد و آرمید با او / هم خورد و هم آشَمید با او
با او به بدیهه خوش درآمد / چون دید حریف، خوش برآمد
می‌زد جگرش چو مغز بر جوش / می‌خواند قصیده‌های چون نوش
بر هر سخنی به خندهٔ خوش / می‌گفت بدیهه‌ای چو آتش
وآن چرب‌سخن به خوش‌جوابی / می‌کرد عمارت خرابی
کز دوری آن چراغ پرنور / هان تا نشوی چو شمع رنجور
کاو را به زر و به زور بازو / گردانم با تو هم‌ترازو
گر مرغ شود هوا بگیرد / هم چنگ منش قفا بگیرد
گر باشد چو شراره در سنگ / از آهنش آورم فرا چنگ
تا همسر تو نگردد آن ماه / از وی نکنم کمند کوتاه
مجنون ز سر امیدواری / می‌کرد به سجده حق‌گزاری
کاین قصه که عطرسای مغز است / گر رنگ و فریب نیست، نغز است
او را به چو من رمیده خویی / مادر ندهد به هیچ رویی
گل را نتوان به باد دادن / مه‌زاده به دیوزاد دادن
او را سوی ما کجا طواف است؟ / دیوانه و ماه نو گزاف است
شستند بسی به چاره‌سازی / پیراهن ما نشد نمازی

کردند بسی سپیدسیمی / از ما نشد این سیه‌گلیمی
گر دست تو را کرامتی هست / آن دسترسی بود نه زین دست
اندیشه کنم که وقت یاری / در نیمه‌رهم فروگذاری
ناآمده این شکار در شست / داری ز من و ز کار من دست
آن باد که این دهل‌زبانی / باشد تهی از تهی‌میانی
گر عهد کنی بدانچه گفتی / مزدت باشد که راه رُفتی
ور چشمهٔ این سخن سراب است / بگذار مرا، تو را ثواب است
تا پیشهٔ خویش پیش گیرم / خیزم پی کار خویش گیرم
نوفل ز نفیر زاری او / شد تیزعنان به یاری او
بخشود بر آن غریب همسال / همسال تهی نه، بلکه همحال

***

میثاق نمود و خورد سوگند / اوّل به خدایی خداوند
وآن‌گه به رسالت رسولش / کایمان‌ده عقل شد قبولش
کز راه وفا به گنج و شمشیر / کوشم نه چو گرگ، بلکه چون شیر
نه صبر بود، نه خورد و خوابم / تا آنچه طلب کنم، بیابم
لیکن به تواَم توقعی هست / کز شیفتگی رها کنی دست
بنشینی و ساکنی پذیری / روزی دو سه، دل به دست گیری
از تو دل آتشین نهادن / وز من دَرِ آهنین گشادن
چون شیفته شربتی چنان دید / در خوردن آن نجات جان دید
آسود و رمیدگی رها کرد / با وعدهٔ آن سخن وفا کرد

می‌بود به صبر پای‌بسته / آبی زده، آتشی نشسته
با او به قرارگاه او تاخت / در سایهٔ او قرارگه ساخت
گرمابه زد و لباس پوشید / آرام گرفت و باده نوشید
بر رسم عرب عمامه دربست / با او به شراب و رود بنشست
چندین غزل لطیف‌پیوند / گفت از جهت جمال دل‌بند
نوفل به سرش ز مهربانی / می‌کرد چو ابر دُرفشانی
چون راحت پوشش و خورش یافت / آراسته شد که پرورش یافت
شد چهرهٔ زردش ارغوانی / بالای خمیده خیزرانی
وآن غالیه‌گون خط سیاهش / پرگار کشید گِرد ماهش
زآن گل که لطافت نفس داد / باد آنچه ربود، باز پس داد
شد صبح منیر باز خندان / خورشید نمود باز دندان
زنجیریِ دشت شد خردمند / از بندیِ خانه دور شد بند
در باغ گرفت سبزه آرام / دادند به دست سرخ‌گل جام
مجنون به سکونت و گرانی / شد عاقل مجلس معانی
وآن مِهتر میهمان‌نوازش / می‌داشت به صدهزار نازش
بی‌طلعت او طرب نمی‌کرد / می جز به جمال او نمی‌خورد
ماهی دو سه در نشاط‌کاری / کردند به هم شراب‌خواری

عتاب کردن مجنون با نوفل

روزی دو به دو نشسته بودند / شادیّ و نشاط می‌فزودند
مجنون ز شکایت زمانه / بیتی دو سه گفت عاشقانه

کای فارغ از آه دودناکم بر باد فریب داده خاکم
صد وعدهٔ مهر داده بیشی با نیم وفا نکرده خویشی
پذرفته که پیشت آورم نوش پذرفتهٔ خویش کرده فرموش
آورده مرا به دل‌فریبی واداده به دست ناشکیبی
دادیم زبان به مهر و پیوند و امروز همی‌کنی زبان بند
صد زخم زبان شنیدم از تو یک مرهم دل ندیدم از تو
صبرم شد و عقل رخت بربست دریاب وگرنه رفتم از دست
دلداری بیدلی نمودن وآن‌گه به خلاف قول بودن
دور اوفتد از بزرگواری یاران به ازین کنند یاری
قولی که در او وفا نبینم از چون تو کسی روا نبینم
بی‌یار منم ضعیف و رنجور چون تشنه ز آب زندگی دور
شرط است به تشنه آب دادن گنجی به ده خراب دادن
گر سلسلهٔ مرا کنی ساز ورنه، شده گیر، شیفته باز
گر لیلی را به من رسانی ورنه، نه من و نه زندگانی

جنگ کردن نوفل با قبیله لیلی

نوفل ز چنین عتاب دلکش شد نرم چنان‌که موم از آتش
برجست و به عزم راه کوشید شمشیر کشید و دِرع پوشید
صد مردِ گزینِ کارزاری پرّنده چو مرغ در سواری
آراسته کرد و رفت پویان چون شیر سیاه، جنگجویان
چون بر در آن قبیله زد گام قاصد طلبید و داد پیغام

لیلی و مجنون

کاینک من و لشکری چو آتش	حاضر شده‌ایم، تند و سرکش
لیلی به من آورید حالی	ورنه من و تیغ لاابالی
تا من به نوازشی که دانم	او را به سزای او رسانم
هم کشتهٔ تشنه آب یابد	هم آبرسان ثواب یابد
چون قاصد شد، پیام او برد	شد شیشهٔ مهر در میان خرد
دادند جواب کاین نه راه است	لیلی نه کُلیچه، قرص ماه است
کس را سوی ماه دسترس نیست	نه کار تو، کار هیچ‌کس نیست
او را چه بری؟ که آفتاب است	تو دیو رجیم و او شهاب است
شمشیرکشی، کشیم در جنگ	قاروره زنی، زنیم بر سنگ
قاصد چو شنید، کام و ناکام	بازآمد و بازداد پیغام
بار دگرش به خشمناکی	فرمود که پای دار خاکی
کای بی‌خبران ز تیغ تیزم	فارغ ز هیون گرم‌خیزم
از راه کسی که موج دریاست	خیزید وگرنه فتنه برخاست
پیغام‌رسانِ او دگر بار	آورد پیام ناسزاوار
آن خشم چنان در او اثر کرد	کآتش ز دلش زبان به در کرد
با لشکر خود کشیده شمشیر	افتاد در آن قبیله چون شیر
وایشان به‌هم آمدند چون کوه	برداشته نعره‌ای به انبوه
بر نوفلیان عنان گشادند	شمشیر به شیر در نهادند
دریای مصاف گشت جوشان	گشتند مبارزان خروشان
شمشیر ز خون جام بر دست	می‌کرد به جرعه خاک را مست

سرپنجهٔ نیزهٔ دلیران پنجه‌شکن شتاب شیران
مرغان خدنگ تیزرفتار بر خوردن خون، گشاده منقار
پولادهٔ تیغِ مغزپالای سرهای سران فکنده بر پای
غرّیدن تازیان پرجوش کر کرده سپهر و ماه را گوش
از صاعقهٔ اجل که می‌جست پولاد به سنگ در نمی‌رست
زوبین بلا سیاست‌انگیز سر چون سر موی دیلمان، تیز
خورشیدِ درفش ده‌زبانه چون صبح دریده ده نشانه

***

شیران سیاه در دریدن دیوان سپید در دویدن
هرکس به مصاف در سواری مجنون به حساب جان‌سپاری
هرکس فرسی به جنگ می‌راند او جمله دعای صلح می‌خواند
هرکس طللی به تیغ می‌کشت او خویشتن از دریغ می‌کشت
می‌کرد چو حاجیان طوافی انگیخته صلحی از مصافی
گر شرم نیامدیش چون میغ بر لشکر خویشتن زدی تیغ
گر طعنه‌زنش معاف کردی با موکب خود مصاف کردی
گر خندهٔ دشمنان ندیدی اوّل سر دوستان بریدی
گر دسترسش بدی به تقدیر بر همسپران خود زدی تیر
گر دل نزدیش پای‌پشتی پشتیگر خویش را بکشتی
می‌بود در این سپاه جوشان بر نصرت آن سپاه کوشان
اینجا به طلایه رخش رانده وآنجا به یَزَک دعا نشانده

از قوم وی ار سری فتادی
بر دست بُرَنده بوس دادی

وآن کشته که بُد ز خیل یارش
می‌شُست به چشم سیل‌بارش

کرده سرِ نیزه زین طرف راست
سرنیزهٔ فتح ازان طرف خواست

گر لشکر او شدی قوی‌دست
هم تیر بریختیّ و هم شَست

ور جانب یار او شدی چیر
غرّیدی ازان نشاط چون شیر

پرسید یکی که ای جوانمرد
کز دور زنی چو چرخ ناورد

ما از پی تو به جان‌سپاری
با خصم تو را چراست یاری؟

گفتا که چو خصم یار باشد
با تیغ مرا چه کار باشد؟

با خصم نبرد خون توان کرد
با یار، نبرد چون توان کرد؟

از معرکه‌ها جراحت آید
اینجا همه بوی راحت آید

***

آن جانب دست یار دارد
کس جانب یار خوار دارد؟

میل دل مهربانم آنجاست
آنجا که دل است، جانم آنجاست

شرط است به پیش یار مردن
زو جان ستدن، ز من سپردن

چون جان خود این‌چنین سپارم
بر جان شما چه رحمت آرم؟

نوفل به مصاف، تیغ در دست
می‌کشت به سان پیل سرمست

می‌برد به هر طریده جانی
افکند به حمله‌ای، جهانی

هر سو که طواف زد، سر افشاند
هر جا که رسید، جوی خون راند

وآن تیغ‌زنان که لاف جستند
تا اوّل شب مصاف جستند

چون طُرّهٔ این کبود چنبر
بر جبهت روز ریخت عنبر

زین گرجیِ طرّه برکشیده / شد روز چو طرّه سر بریده
آن هر دو سپه ز هم بریدند / بر معرکه، خوابگه گزیدند
چون مار سیاه، مهره برچید / ضحّاک سپیده‌دم بخندید
در دست مبارزان چالاک / شد نیزه به سان مار ضحاک
در گرد قبیله‌گاه لیلی / چون کوه رسیده بود خیلی
از پیش و پس قبیله یاران / کردند بسیچ تیرباران
نوفل که سپاهی آن‌چنان دید / جز صلح دری زدن زیان دید
انگیخت میانجیی ز خویشان / تا صلح دهد میان ایشان
کاینجا نه حدیث تیغ‌بازی‌ست / دلّالگیی به دل‌نوازی‌ست
از بهرِ پری‌زده جوانی / خواهم ز شما پری‌نشانی
وز خاصهٔ خویشتن در این کار / گنجینه فدا کنم به خروار
گر کردن این عمل صواب است / شیرین‌تر از این سخن جواب است
ور زآنکه شکر نمی‌فروشید / در دادن سرکه هم مکوشید
چون راست نمی‌کنید کاری / شمشیر زدن چراست باری؟
چون کرد میانجی این سرآغاز / گشت آن دو سپه ز یکدگر باز
چون خواهش یکدگر شنیدند / از کینه‌کشی عنان کشیدند
صلح آمد، دور باش در چنگ / تا از دو گروه دور شد جنگ

عتاب کردن مجنون با نوفل

مجنون چو شنید بوی آزَرم / کرد از سر کین کُمَیت را گرم
با نوفل تیغ‌زن برآشفت / کی از تو رسیده جفت با جفت!

احسنت، زهی امیدواری	به زین نبود تمامکاری
این بود بلندی کلاهت؟	شمشیر کشیدن سپاهت؟
این بود حساب زورمندیت؟	وین بود فسون دیوبندیت؟
جولان زدن سمندت این بود؟	انداختن کمندت این بود؟
رایت که خلاف رای من کرد	نیکو هنری به جای من کرد
آن دوست که بُد، سلام دشمن	کردیش کنون تمام دشمن
وآن دَر که بُد از وفاپرستی	بر من به هزار قفل بستی
از یاری تو بریدم، ای یار	بردی زه کار من، زهی کار
بس رشته که بگسلد ز یاری	بس قایم کافتد از سواری
بس تیر شبان که در تگ افتاد	بر گرگ فکند و بر سگ افتاد
گرچه کرمت بلندنام است	در عهدهٔ عهد ناتمام است

***

نوفل سپرافکنان ز حربش	بنواخت به رفقهای چربش
کز بی‌مددی و بی‌سپاهی	کردم به فریب صلح‌خواهی
اکنون که به جای خود رسیدم	نز تیغ برنده خو بریدم
لشکر ز قبیله‌ها بخوانم	پولاد به سنگ در نشانم
ننشینم تا به زخم شمشیر	این یاوه ز بام ناورم زیر
وآنگه ز مدینه تا به بغداد	در جمع سپاه کس فرستاد
در جستن کین ز هر دیاری	لشکر طلبید روزگاری
آورد به هم سپاهی انبوه	پس پرّه کشید کوه تا کوه

مصاف کردن نوفل، بار دوم

گنجینه‌گشای این خزینه / سر باز کند ز گنج سینه
کآن روز که نوفل آن سپه راند / بیننده بدو شگفت درماند
از زلزلهٔ مصاف‌خیزان / شد قلهٔ بوقبیس ریزان
خصمان چو خروش او شنیدند / در حرب شدند و صف کشیدند
سالار قبیله با سپاهی / بر شد به سر نظاره‌گاهی
صحرا همه نیزه دید و خنجر / وآفاق گرفته موج لشکر
از نعرهٔ کوس و نالهٔ نای / دل در تن مرده می‌شد از جای
رایی نه که جنگ را بسیچد / رویی نه که روی ازان بپیچد
زآن‌گونه که بود پای بفشرد / سیل آمد و رختِ بخت را برد
قلب دو سپه به هم بر افتاد / هر تیغ که رفت بر سر افتاد
از خون روان که ریگ می‌شست / از ریگ روان عقیق می‌رست
دل مانده شد از جگر دریدن / شمشیر خجل ز سر بریدن
شمشیر کشید نوفل گُرد / می‌کرد به حمله کوه را خرد
می‌ساخت چو اژدها نبردی / زخمیّ و دمی، دمیّ و مردی

***

بر هر که زدی کُدینهٔ گرز / بشکستی اگرچه بودی البرز
بر هر ورقی که تیغ راندی / در دفتر او ورق نماندی

***

کردند نبردی آن‌چنان سخت / کز ارّهٔ تیغ، تخته شد تخت

یاران چو کنند همعنانی   از سنگ برآورند خانی
پرکندگی از نفاق خیزد   پیروزی از اتّفاق خیزد
بر نوفلیان خجسته شد روز   گشتند به فال سعد فیروز
بر خصم زدند و برشکستند   کُشتند و بریختند و خستند
جز خسته نبود هر که جان برد   وآن نیز که خسته بود، می‌مرد
پیران قبیله خاک بر سر   رفتند به خاکبوس آن در
کردند بسی خروش و فریاد   کی داور داددِه، بده داد
ای پیش تو دشمنِ تو مرده   ما را همه کشته‌گیر و برده

***

با ما دو سه خسته نیزه و تیر   بر دست مگیر و دست ما گیر
یک ره بنه این قیامت از دست   کآخر بجز این قیامتی هست
تا دشمن تو سلیح پوشد   شمشیر تو به که بازکوشد

***

ما کز پی تو سپر فکندیم   گر عفو کنی، نیازمندیم
پیغام به تیر و نیزه تا چند؟   با بی‌سپران ستیزه تا چند؟
یابندهٔ فتح کان جَزَع دید   بخشود و گناه رفته بخشید
گفتا که عروس بایدم زود   تا گردم از این قبیله خوشنود
آمد پدر عروس غمناک   چون خاک نهاده روی بر خاک
کای در عرب از بزرگواری   درخورد سریّ و تاجداری

***

مجروحم و پیر و دل‌شکسته   دور از تو، به روز بد نشسته

در سرزنش عرب فتاده | خود را عجمی لقب نهاده
این خون که ز شرح بیش بینم | در گردن بخت خویش بینم
خواهم که در این گناهکاری | سیماب شوم ز شرمساری
گر دخت مرا بیاوری پیش | بخشی به کمینه بندهٔ خویش
راضی شوم و سپاس دارم | وز حکم تو سر برون نیارم
ور آتش تیز برفروزی | و او را به مَثَل، چو عود سوزی
ور زآنکه درافکنی به چاهش | یا تیغ کشی، کنی تباهش
از بندگی تو سر نتابم | روی از سخن تو برنتابم

***

امّا ندهم به دیو فرزند | دیوانه به بند به که در بند
سرسامی و نور چون بود خوش؟ | خاشاک و نَعوذُ بالله آتش؟
این شیفته‌رای ناجوانمرد | بی‌عاقبت است و رایگان‌گرد
خو کرده به کوه و دشت گشتن | جولان زدن و جهان نبشتن
با نام شکستگان نشستن | نام من و نام خود شکستن
در اهل هنر شکسته‌کامی | به زآنکه بوَد شکسته‌نامی
در خاک عرب نماند بادی | کز دختر من نکرد یادی
نایافته در زبانش افکند | در سرزنش جهانش افکند
گر در کف او نهی زمامم | با ننگ بود همیشه نامم
آن کس که دم نهنگ دارد | به زآنکه بماند و ننگ دارد

***

گر هیچ رسی مرا به فریاد | آزاد کنی که بادی آزاد
ورنه به خدا که بازگردم | وز ناز تو بی‌نیاز گردم
بُرّم سر آن عروس چون ماه | در پیش سگ افکنم در این راه
تا بازرهم ز نام و ننگش | آزاد شوم ز صلح و جنگش
فرزند مرا در این تحکّم | سگ به که خورد که دیو مردم
آن را که گَزَد سگ خطرناک | چون مرهم هست، نیستش باک
وآن را که دهان آدمی خَست | نتوان به هزار مرهمش بست
چون او ورقی چنین فروخواند | نوفل به جواب او فروماند
زآن چیره‌زبان رحمت‌انگیز | بخشایش کرد و گفت برخیز
من گرچه سرآمدِ سپاهم | دختر به دلِ خوش از تو خواهم
چون می‌ندهی، دل تو داند | از تو به ستم که می‌ستاند؟
هر زن که به دست زور خواهند | نان خشک و عصیده شور خواهند
من کآمدم از پی دعاها | مستغنی‌ام از چنین جفاها
آنان که ندیم خاص بودند | با پیر در آن خلاص بودند
کان شیفته‌خاطر هوسناک | دارد مَنِشی عظیم ناپاک

***

شوریده‌دلی چنین هوایی | تن در ندهدت به کدخدایی
بر هرچه دهیش اگر نجات است | ثابت نبود که بی‌ثبات است
ما دی ز برای او به ناورد | او روی به فتح دشمن آورد
ما از پی او نشانهٔ تیر | او در رخ ما کشیده تکبیر

این نیست نشان هوشمندان | او خواه به گریه، خواه خندان
این وصلت اگر فراهم افتد | هم قرعهٔ فال بر غم افتد
نیکو نبوَد ز روی حالت | او با خلل و تو با خجالت
آن به که چو نام و ننگ داریم | زین کار نمونه چنگ داریم
خواهشگر از این حدیث بگذشت | با لشکر خویش بازپس گشت
مجنون شکسته‌دل در آن کار | دل‌خسته شد از گزند آن خار

***

آمد برِ نوفل آب در چشم | جوشنده چو کوهِ آتش از خشم
کای پای به دوستی فشرده | پذرفتهٔ خود به سر نبرده
در صبحدمی بدان سپیدی | دادیم به روز ناامیدی
از دست تو صید من چرا رفت؟ | وآن دست گرفتنت کجا رفت؟
تشنه‌م به لب فرات بردی | ناخورده به دوزخم سپردی
شکر ز قِمَطر برگشادی | شربت کردی، ولی ندادی
بر خوان طَبَرزَدم نشاندی | بازم چو مگس ز پیش راندی
چون آخرِ رشته این گِرهِ بود | این رشته نرشته پنبه به بود
این گفت و عنان از او بگرداند | یک‌اسبه شد و دواسبه می‌راند
گم کرد پی از میان ایشان | می‌رفت چو ابر دل‌پریشان
می‌ریخت ز دیده آب بر خاک | بر زهر کشنده ریخت تریاک
نوفل چو به ملک خویش پیوست | با همنفسان خویش بنشست
مجنون ستمرسیده را خواند | تا دل دهدش کز او دلش ماند

جستند بسی در آن مقامش | افتاده بُد از جَریده نامش
گم گشتن او که ناروا بود | آگاه شدند کز کجا بود

رهانیدن مجنون آهوان را

سازندهٔ ارغنون این ساز | از پرده چنین برآرد آواز
کآن مرغِ به کام نارسیده | از نوفلیان چو شد بریده
طیارهٔ تند را شتابان | می‌راند چو باد در بیابان
می‌خواند سرود بی‌وفایی | بر نوفل و آن خلاف‌رایی
با هر دمنی ازان ولایت | می‌کرد ز بخت بد شکایت
می‌رفت سرشک‌ریز و رنجور | انداخته دید دامی از دور
در دام فتاده آهویی چند | محکم شده دست و پای در بند
صیّاد بدین طمع که خیزد | خون از تن آهوان بریزد
مجنون به شفاعت اسب را راند | صیّاد، سوار دید و درماند
گفتا که به رسم دامیاری | مهمان توأم بدانچه داری
دام از سر آهوان جدا کن | این یک دو رمیده را رها کن
بی‌جان چه کنی رمیده‌ای را؟ | جانی‌ست هر آفریده‌ای را
چشمی و سُرینی این‌چنین خوب | «بر هر دو نبشته «غیر مغضوب
دل چون دهدت که بر ستیزی؟ | خون دو سه بی‌گنه بریزی؟
آن‌کس که نه آدمی‌ست، گرگ است | آهوکشی آهویی بزرگ است
چشمش نه به چشم یار مانَد؟ | رویش نه به نوبهار مانَد؟
بگذار به حقّ چشم یارش | بنواز به باد نوبهارش

گردن مزنش که بی‌وفا نیست	در گردن او رَسَن روا نیست
آن گردن طوق‌بند آزاد	افسوس بود به تیغ پولاد
وآن چشم سیاه سرمه‌سوده	در خاک خطا بود غنوده
وآن سینه که رشک سیم ناب است	نه درخور آتش و کباب است
وآن ساده سرین نازپرورد	دانی که به زخم نیست درخورد
وآن نافه که مشک ناب دارد	خون ریختنش چه آب دارد؟
وآن پای لطیف خیزرانی	درخورد شکنجه نیست، دانی
وآن پشت که بار کس نسنجد	بر پشت زمین زنی، برنجد
صیّاد بدان نشید کو خواند	انگشت گرفته در دهن ماند
گفتا سخن تو کردمی گوش	گر فقر نبودمی هم‌آغوش
نخجیر دو ماهه قیدم این است	یک خانه عیال و صیدم این است
صیّاد بدین نیازمندی	آزادی صید چون پسندی؟
گر بر سر صید سایه داری	جان بازخرش که مایه داری
مجنون به جواب آن تهی‌دست	از مرکب خود سبک فروجست
آهو تک خویش را بدو داد	تا گردن آهوان شد آزاد
او ماند و یکی دو آهوی خرد	صیّاد برفت و بارگی برد
می‌داد ز دوستی، نه زافسوس	بر چشم سیاه آهوان بوس
کاین چشم اگر نه چشم یار است	زان چشم سیاه یادگار است
بسیار بر آهوان دعا کرد	وآنگاه ز دامشان رها کرد
رفت از پس آهوان شتابان	فریادکنان در آن بیابان

بی‌کینه‌وری سلاح بسته چون گل به سلاح خویش خسته
در مرحله‌های ریگ جوشان گشته ز تبش چو دیگ جوشان
از دل به هوا بخار داده خارا و قصب به خار داده
شب چون قصب سیاه پوشید خورشید قصب ز ماه پوشید
آن شیفتهٔ مه حصاری چون تار قصب شد از نزاری
زان‌سان که به هیچ جستجویی فرقش نکند کسی ز مویی
شب چون سر زلف یار تاریک ره چون تن دوستار باریک
شد نوحه‌کنان درون غاری چون مارگزیده سوسماری
از بحر دو دیده گوهر افشاند بنشست ز پای و موج بنشاند
پیچید چنان‌که بر زمین مار یا بر سر آتش افکنی خار
تا روز نخفت از آه کردن وز نامه چو شب سیاه کردن

آزاد کردن مجنون گوزنان را

چون صبح به فال نیک‌روزی برزد عَلَم جهان‌فروزی
ابروی حَبَش به چین درآمد کآیینهٔ چین ز چین برآمد
آن آینهٔ خیال در چنگ چون آینه بود لیک در زنگ
برخاست چنان‌که دود از آتش چون دود عبیر، بوی او خوش
ره پیش گرفت بیت‌خوانان برداشته بانگ مهربانان

***

ناگاه رسید در مقامی انداخته دید باز دامی
در دام گوزنی اوفتاده گردن ز رسن به تیغ داده

صیاد بر آن گوزن گلرنگ / آورده چو شیر شَرزِهٔ آهنگ
تا بی‌گهنیش خون بریزد / خونی که چنین، از او چه خیزد؟
مجنون چو رسید پیش صیّاد / بگشاد زبان چو نیش فصّاد
کای چون سگ ظالمان زبون‌گیر / دام از سر عاجزان برون گیر
بگذار که این اسیر بندی / روزی دو، کند نشاطمندی
زین جفتهٔ خون کرانه گیرد / با جفت خود آشیانه گیرد
آن جفت که امشبش نجوید / از گم شدنش تو را چه گوید؟
کای آن که تو را ز من جدا کرد / مأخوذ مباد جز بدین درد
صیّاد تو روز خوش مبیناد / یعنی که به روز من نشیناد
گر ترسی از آه دردمندان / برکن ز چنین شکار دندان
رای تو چه کردی ار به تقدیر / نخجیرگر او شدی، تو نخجیر؟
شکرانهٔ این چه می‌پذیری / کو صید شد و تو صیدگیری؟
صیّاد بدین سخن‌گزاری / شد دور ز خون آن شکاری
گفتا نکنم هلاک جانش / اما ندهم به رایگانش
وجه خورش من این شکار است / گر بازخریش وقت کار است
مجنون همه ساز و آلت خویش / برکند و سبک نهاد در پیش
صیّاد سلیح و ساز برداشت / صیدی سَرهِ دید و صید بگذاشت
مجنون سوی آن شکار دلبند / آمد چو پدر به سوی فرزند
مالید بر او چو دوستان دست / هرجا که شکسته دید، می‌بست
سر تا پایش به کف بخارید / زو گرد و ز دیده اشک بارید

گفت ای ز رفیق خویشتن دور / تو نیز چو من ز دوست مهجور
ای پیشرو سپاه صحرا / خرگاه‌نشین کوه خضرا
بوی تو ز دوست یادگارم / چشم تو نظیر چشم یارم
در سایهٔ جفت باد جایت / وز دام گشاده باد پایت

***

دندان تو از دهانهٔ زر / هم در صدف لب تو بهتر
چرم تو که سازمند زه شد / هم بر زه جامهٔ تو به شد
اشک تو اگرچه هست تریاک / ناریخته به چو زهر بر خاک
ای سینه‌گشای گردن‌افراز / در سوخته‌سینه‌ای بپرداز
دانم که در این حصار سربست / زان ماه حصاری‌ات خبر هست
وقتی که چرا کنی در آن بوم / حال دل من کُنیش معلوم
کای مانده به کام دشمنانم / چونان که بخواهی آن‌چنانم
تو دور و من از تو نیز هم دور / رنجور من و تو نیز رنجور
پیری نه که در میانه افتد / تیری نه که بر نشانه افتد
بادی که ندارد از تو بویی / نامش نبرم به هیچ رویی
یادی که ز تو اثر ندارد / بر خاطر من گذر ندارد
زین‌گونه یکی نه، بلکه صد بیش / می‌گفت به حسب حالت خویش
از پای گوزن بند بگشاد / چشمش بوسید و کردش آزاد
چون رفت گوزنِ دامدیده / زان بقعه روان شد، آرمیده
سیّارهٔ شب چو بر سر چاه / یوسف‌رویی خرید چون ماه

از انجمن رصدفروشان … شد مصر فلک چو نیل جوشان
آن میل‌کشیده، میل بر میل … می‌رفت چو نیل، جامه در نیل
چندان‌که زبان به در کند مار … یا مرغ زند به آب منقار
ناسوده چو مارِ برّدریده … نغنوده چو مرغِ پر بریده
مغزش ز حرارت دماغش … سوزنده چو روغن چراغش
گر خود به مثل چو شمع مردی … پهلو به سوی زمین نبردی

سخن گفتن مجنون با زاغ

شبگیر که چرخ لاجوردی … آراست کبودیی به زردی
خندیدن قرص آن گل زرد … آفاق به رنگ سرخ گل کرد
مجنون چو گل خزان‌رسیده … می‌گشت میان آب دیده
زان آب که بر وی آتش افشاند … کشتی چو صبا به خشک می‌راند
از گرمی آفتاب سوزان … تفسید به وقت نیمروزان
چون سایه نداشت هیچ رختی … بنشست به سایهٔ درختی
در سایهٔ آن درخت عالی … گرد آمده آبی از حوالی
حوضی شده چون فلک مُدَوّر … پاکیزه و خوش، چو حوض کوثر
پیرامن آب سبزه رسته … هم سبزه، هم آب روی‌شسته
آن تشنه ز گرمی جگرتاب … زان آب چو سبزه گشت سیراب
آسود زمانی از دویدن … وز گفتن و هیچ ناشنیدن
زان مفرش همچو سبز دیبا … می‌دید درآن درخت زیبا
بر شاخ نشسته دید زاغی … چشمیّ و چه چشم؟ چون چراغی

لیلی و مجنون

چون زلف بتان سیاه و دل‌بند با دل چو جگر گرفته پیوند
صالح مرغی چو ناقه خاموش چون صالحیان شده سیه‌پوش
بر شاخ نشسته چُست و بینا همچون شَبَه در میان مینا
مجنون چو مسافری چنان دید با او دل خویش هم‌عنان دید
گفت ای سیهِ سپیدنامه از دست که‌ای سیاه جامه؟
شبرنگ چرایی ای شب‌افروز؟ روزت ز چه شد سیه بدین روز؟
بر آتش غم منم، تو جوشی؟ من سوگ‌زده، سیه تو پوشی؟
گر سوخته‌دل نه، خامرایی چون سوختگان سیه چرایی؟
ور سوخته‌وار گرمخیزی از سوختگان چرا گریزی؟
شاید که خطیب خطبه‌خوانی پوشیده سیه لباس ازآنی
زنگی بچهٔ کدام سازی؟ هندوی کدام ترک‌تازی؟
من شاه مگر تو چتر شاهی؟ گر چتر نه‌ای چرا سیاهی؟
روزی که رسی به نزد یارم گو بی‌تو ز دست رفت کارم
دریاب که گر تو درنیابی ناچیز شوم در این خرابی
گفتی که مترس، دستگیرم ترسم که در این هوس بمیرم
روزی آیی که مرده باشم مهر تو به خاک برده باشم
بینایی دیده چون بریزد از دادن توتیا چه خیزد؟
چون گرگ بره ز میش بربود فریاد شبان کجا کند سود؟
چون سیل خراب کرد بنیاد دیوار چه کاهگل، چه پولاد
چون کِشتهٔ خشک ماند بی‌بر خواه ابر ببار و خواه بگذر

این تیر زبان گشاده گستاخ وآن زاغ پریده شاخ بر شاخ
او پَرّ سخن دراز کرده پرّنده رحیل ساز کرده
چون گفت بسی فسانه با زاغ شد زاغ و نهاد بر دلش داغ
شب چون پر زاغ برسرآورد شب‌پرّه ز خواب سر برآورد
گفتی که ستارگان چراغ‌اند یا در پر زاغ چشم زاغ‌اند
مجنون چو شبِ چراغ‌مرده افتاده و دیده زاغ برده
می‌ریخت سرشک دیده تا روز مانندهٔ شمع خویشتن‌سوز

بردن پیرزن مجنون را در خرگاه لیلی

چون نور چراغ آسمان‌گرد از پردهٔ صبح سر به در کرد
در هر نظری شکفت باغی شد هر بصری چو شب‌چراغی
مجنون چو پرنده زاغ پویان پروانه‌صفت چراغ‌جویان
از راه رحیل خار برداشت هنجار دیار یار برداشت
چون بوی دمن شنید، بنشست یک لحظه نهاد بر جگر دست
باز از نفسش برآمد آواز چون مرده که جان بدو رسد باز
شد پیرزنی ز دور پیدا با او شخصی به شکل شیدا
سر تا قدمش کشیده در بند وآن شخص به بند گشته خرسند
زن می‌شد در شتاب کردن می‌برد ورا رسن به گردن
مجنون چو اسیر دید در بند زن را به خدای داد سوگند
کاین مرد به بند، کیست با تو؟ در بند ز بهر چیست با تو؟
زن گفت سخن چو راست خواهی مردی‌ست نه بندی و نه چاهی

من بیوه‌ام، این رفیق درویش — در هر دو ضرورتی ز حد بیش
از درویشی بدان رسیدم — کاین بند و رسن در او کشیدم
تا گردانم اسیروارش — توزیع کنم به هر دیارش
گرد آورم از چنین بهانه — مشتی علف از برای خانه
بینیم کزان میان چه برخاست — دو نیمه کنیم راستاراست
نیمی من و نیمی او ستاند — گردی به میانه در نماند
مجنون ز سر شکسته‌بالی — در پای زن اوفتاد حالی
کاین سلسله و طناب و زنجیر — بر من نه ازین رفیق برگیر
کآشفته و مستمند ماییم — او نیست سزای بند، ماییم
می‌گردانم به روسیاهی — اینجا و به هر کجا که خواهی
هرچ آن به هم آید از چنین کار — بی‌شرکت من، تو راست، بردار
چون دید زن این‌چنین شکاری — شد شاد به این‌چنین شماری
زان یار بداشت در زمان دست — آن بند و رسن همه درین بست
بنواخت به بند کردن او را — می‌برد رسن به گردن او را

***

او داده رضا به زخم خوردن — زنجیر به پای و غل به گردن
چون بر در خیمه‌ای رسیدی — مستانه سرود برکشیدی
«لیلی» گفتیّ و سنگ خوردی — در خوردن سنگ رقص کردی
چون چند جفاش بر سر آورد — گرد درِ لیلی‌اش برآورد
چون بادی ازان چمن برو جست — بر خاک چمن چو سبزه بنشست

بگریست بر آن چمن به زاری
چون دیدهٔ ابر نوبهاری

سر می‌زد بر زمین و می‌گفت
کای من ز تو طاق و با غمت جفت

مجرم‌تر ازان شدم درین راه
کآزاد شوم ز بند و از چاه

اینک سر و پای هر دو در بند
گشتم به عقوبت تو خرسند

گر زآنکه نموده‌ام گناهی
معذور نی‌اَم به هیچ راهی

من حکم‌کش و تو حکمرانی
تأدیب کنم چنان‌که دانی

منگر به مصاف تیغ و تیرم
در پیش تو بین که چون اسیرم

***

گر تاختنی به لطمه کردم
از لطمهٔ خویش زخم خوردم

گر دی گنهی نمود پایم
امروز رسن به گردن آیم

گر دستِ شکسته شد کمانگیر
اینک به شکنجه زیر زنجیر

زان جرم که پیش ازین نمودم
بسیار جنایت آزمودم

مپسند مرا چنین به خواری
گر می‌کُشی‌ام، بکُش، چه داری؟

گر جز به تو محکم است بیخم
برکش چو صلیب چارمیخم

ای کز تو وفاست بی‌وفایی
پیش تو خطاست بی‌خطایی

من با تو چو نیستم خطاکار
خود را به خطا کنم گرفتار

باشد که وفایی آید از تو
یا تیر خطایی آید از تو

در زندگی‌ام درود ناری
دستی به سرم فرود ناری

در کشتگی‌ام امید آن هست
کاری به بهانه بر سرم دست

گر تیغ روان کنی بدین سر
قربان خودم کنی بدین در

اسماعیلی ز خود بسنجم — اسماعیلی‌ام اگر برنجم

چون شمع دلم فروغناک است — گر باز بُری سرم، چه باک است؟

شمع از سر درد سر کشیدن — به گردد وقت سر بریدن

در پای تو به که مرده باشم — تا زنده و بی‌تو جان خراشم

چون نیست مرا برِ تو راهی — زین پس من و گوشه‌ایّ و آهی

سر داده و آه برنیارم — تا پیش تو درد سر نیارم

گویی ز تو دردسر جدا باد — درد آن من است، سر تو را باد

این گفت و ز جای جست چون تیر — دیوانه شد و برید زنجیر

از کوههٔ غم شکوه بگرفت — چون کوهه‌گرفته کوه بگرفت

بر نجد شد و نفیر می‌زد — بر خود ز طپانچه تیر می‌زد

خویشان چو ازو خبر شنیدند — رفتند و ندیدنی بدیدند

هم مادر و هم پدر در آن کار — نومید شدند ازو به یکبار

با کس چو نمی‌شد آرمیده — گفتند به ترک آن رمیده

و او را شده در خراب و آباد — جز نام و نشان لیلی از یاد

هرکس که بدو جز این سخن گفت — یا تن زد یا گریخت یا خفت

دادن پدر لیلی را به ابن سلام

غوّاص جواهر معانی — کرد از لب خود شکرفشانی

کآن روز که نوفل آن ظفر یافت — لیلی به وقایه در خبر یافت

***

آمد پدرش زبان گشاده — بر فرق عمامه کج نهاده

برگفت ز راه تیزهوشی / افسانهٔ آن زبان‌فروشی
کامروز چه حیله نقش بستم / تا زآفت آن رمیده رستم
بستم سخنش، به آب دادم / یکبارگی‌اش جواب دادم
نوفل که خدا جزا دهادش / کرد از در ما خدا دهادش
و او نیز به هجر گشت خرسند / دندان طمع ز وصل برکند

***

لیلی ز پدر بدین حکایت / رنجید چنان‌که بی‌نهایت
در پرده نهفته آه می‌داشت / پرده ز پدر نگاه می‌داشت
چون رفت پدر ز پرده بیرون / شد نرگس او ز گریه گلگون
چندان ز ره دو دیده خون راند / کز راه خود آن غبار بنشاند

***

داد آب ز نرگس ارغوان را / در حوضه کشید خیزران را
اهلی نه که قصّه بازگوید / یاری نه که چاره بازجوید
در سلّهٔ بام و در گرفته / می‌زیست چو مارِ سرگرفته
وز هر طرفی نسیم کویش / می‌داد خبر ز لطف بویش
بر صحبت او ز نامداران / دلگرم شدند خواستاران
هرکس به ولایتی و مالی / می‌جست ز حسن او وصالی
از دُرطلبان آن خزانه / دلّاله هزار در میانه
این دست کشیده تا بَرَد مهد / آن سینه گشاده تا خورد شهد
او را پدر از بزرگواری / می‌داشت چو دُر دَر استواری

وآن سیـم تـن از کمـال فرهنـگ	آن شیشه نگاه داشت از سنگ
می‌خـورد ولـی بـه صـد مـدارا	پنهـان جگـر و مِـی آشکـارا
چون شمع به خنده رخ برافروخت	خندید و به زیر خنده می‌سوخت
چـون گـل کمـر دورویـه می‌بست	زوبیـن در پـای و شمـع بـر دست
می‌بـرد ز روی سـازگـاری	آن لنگـی را بـه راهـواری
از مشتـریـان بـرج آن مـاه	صد زهـره نشست گـرد خرگـاه
چون ابـن سـلام ازان خبـر یافت	بـر وعـدهٔ شرط‌کرده بشتـافت
آمـد ز پـی عـروس‌خـواهـی	بـا طـاق و طرنب پـادشاهی
آورد خـزینـه‌هـای بسیـار	عنبـر بـه من و شکـر بـه خروار
وز نـافـهٔ مشک و لعـل کـانی	آراسـتـه بـرگ ارمغـانی
ازبهـرِ فریـش‌هـای زیبـا	چندین شتـرش بـه زیـر دیبـا
وز بُختـی و تـازی تکـاور	چندان‌که نداشـت عقـل بـاور
زان زر که به یک جُوَش ستیزند	می‌ریخت چنان‌که ریـگ ریزند
آن زر نه که او چو ریـگ می‌بیخت	بـر کشتـن خصـم ریـگ می‌ریخت
کـرده بـه چنان مـروّتـی چست	آن خانـهٔ ریـگ‌بـوم را سست
روزی دو ز رنـج ره بـرآسـود	قاصـد طلبیـد و شغـل فرمـود
جادوسخنـی که کـردی از شـرم	هنگـام فـریـب، سنـگ را نـرم
جان‌زنـده‌کنـی که از فصیحی	شد مـردهٔ او دم مسیحـی
بـا پیشکشـی ز هـر طوایف	آورده ز روم و چیـن و طـایف
قاصـد بشـد و خـزینه را بـرد	یک‌یـک به خزینـه‌دار بسپـرد

وآن‌گه به کلید خوش‌زبانی / بگشاد خزینهٔ نهانی
کاین شاهسوار شیرپیکر / روی عرب است و پشت لشکر
صاحب‌تَبِع و بلندنام است / اسباب بزرگی‌اش تمام است
گر خون طلبی، چو آب ریزد / ور زر گویی، چو خاک بیزد
هم زو برسی به یاوری‌ها / هم بازرهی ز داوری‌ها
قاصد چو بسی سخن درین راند / مسکین پدر عروس درماند
چندان‌که به گرد کار برگشت / اقرارش ازین قرار نگذشت
بر کردن آن عمل رضا داد / مه را به دهان اژدها داد
چون روز دگر عروس خورشید / بگرفت به دست جام جمشید
بر سُفت عرب، غلام روسی / افکند مصلّیِ عروسی
آمد پدر عروس در کار / آراست به گنج، کوی و بازار
داماد و دگر گروه را خواند / بر پیشگه نشاط بنشاند
آیین سرور و شادکامی / بر ساخت به غایت تمامی
بر رسم عرب به هم نشستند / عقدی که شکسته بازبستند
طوفان درم بر آسمان رفت / در شیربها سخن به جان رفت
بر حجلهٔ آن بت دلاویز / کردند به تُنگ‌ها شکرریز
وآن تنگ دهان تنگ‌روزی / چون عود و شکر به عطرسوزی
عطری ز بخار دل برانگیخت / واشکی چو گلاب تلخ می‌ریخت
لعل آتش و جزعش آب می‌داد / این غالیه وآن گلاب می‌داد
چون ساخته شد بسیچ یارش / ناساخته بود هیچ کارش

نزدیک دهن شکسته شد جام
پالوده که پخته بود، شد خام

بر خار قدم نهی بدوزد
وآتش به دهن بَری بسوزد

عضوی که مخالفت پذیرد
فرمان تو را به خود نگیرد

هرچ آن ز قبیله گشت عاصی
بیرون فتد از قبیله خاصی

چون مارگزیده گردد انگشت
واجب شودش بریدن از مشت

جان‌داروی طبع سازگاری‌ست
مردن سبب خلاف‌کاری‌ست

لیلی که مفرّح روان بود
در مختلفی هلاک جان بود

بردن ابن سلام لیلی را به خانه خود

چون صبح‌دم آفتاب روشن
زد خیمه بر این کبود گلشن

سیّارهٔ شب پر از عوان شد
بر دجلهٔ نیلگون روان شد

داماد نشاطمند برخاست
از بهرِ عروس محمل آراست

چون رفت عروس در عماری
بردش به بسی بزرگواری

اورنگ و سریر خود بدو داد
حکم همه نیک و بد بدو داد

روزی دو سه بر طریق آزرم
می‌کرد به رِفق موم را نرم

با نخل رطب چو گشت گستاخ
دستی به رطب کشید بر شاخ

زان نخل رونده خورد خاری
کز درد نخفت روزگاری

لیلیش تپانچه‌ای چنان زد
کافتاد چو مُرده، مَرد بیخود

گفت ار دگر این عمل نمایی
از خویشتن و ز من برآیی

سوگند به آفریدگارم
کآراست به صنع خود نگارم

کز من غرض تو برنخیزد
ور تیغ تو خون من بریزد

***

چون ابن سلام دید سوگند / زان بت به سلام گشت خرسند
دانست کزو فراغ دارد / جز وی دگری چراغ دارد
لیکن به طریق سرکشیدن / می‌نتوانست ازو بریدن
کز دیدن آن مه دوهفته / دلداده بُد و ز دست رفته
گفتا چو ز مهر او چنینم / آن به که درو ز دور بینم
خرسند شدن به یک نظاره / زان به که کند ز من کناره
وآن‌گه ز سر گناهکاری / پوزش بنمود و کرد زاری
کز تو به نظاره دل نهادم / گر زین گذرم، حرامزادم
زان پس که جهان گذاشت با او / بیش از نظری نداشت با او
وآن زینت باغ و زیب گلشن / بر راه نهاده چشم روشن
تا باد کی آورد غباری / از دامنِ غارِ یارِ غاری
هر لحظه به نوحه برگذرگاه / بی‌خود به در آمدی ز خرگاه
گامی دو سه تاختی چو مستان / نالنده‌تر از هزاردستان
جستی خبری ز یار مهجور / دادی اثری به جان رنجور
چندان به طریق ناصبوری / نالید ز درد و داغ دوری
کان عشق نهفته شد هویدا / وآن راز، چو روز گشت پیدا
برداشته رنج ناشکیبش / از شوهر و از پدر نهیبش
چون عشق سرشته شد به گوهر / چه باکِ پدر؟ چه بیمِ شوهر؟

آگاهی مجنون از شوهر کردن لیلی

فرزانه سخن‌سرای بغداد	از سِرّ سخن چنین خبر داد
کان شیفتهٔ رسن‌بریده	دیوانهٔ ماه نو ندیده

***

مجنون جگر کباب‌گشته	دهقان ده خراب‌گشته
می‌گشت به هر بسیچگاهی	مونس نه به جز دریغ و آهی
بویی که ز سوی یارش آمد	خوش‌بوی‌تر از بهارش آمد
زان بوی خوش دماغ‌پرور	اعضاش گرفته رنگ عنبر
آن عنبر تر ز بهر سودا	می‌کرد مفرّحی مهیّا
بر خاک فتاده چون ذلیلان	در زیر درختی از مغیلان
زان روی که روی کار نشناخت	خار از گل و گل ز خار نشناخت
ناگه سیهی، شترسواری	بگذشت بر او چو گُرزه‌ماری
چون دید در آن اسیر بی‌رخت	بگرفت زمام ناقه را سخت
غرّید به شکل نرّه‌دیوی	برداشت چو غافلان غریوی
کی بی‌خبر از حساب هستی	مشغول به کار بت‌پرستی
به گر ز بتان عنان بتابی	کز هیچ بتی وفا نیابی
این کار که هست نیست با نور	وآن یار که نیست، هست ازین دور
بی‌کارکسی تو با چنین کار	بی‌یار بهی تو از چنین یار
آن دوست که دل بدو سپردی	بر دشمنی‌اش گمان نبردی
شد دشمن تو ز بی‌وفایی	خو بازبرید از آشنایی

چون خرمن خود به باد دادت — بدعهد شد و نکرد یادت
دادند به شوهری جوانش — کردند عروس در زمانش
و او خدمت شوی را بسیچید — پیچید در اوی و سر نپیچید
باشد همه‌روزه گوش در گوش — با شوهر خویشتن هم‌آغوش
کارش همه بوسه و کنار است — تو در غم کارش، این چه کار است؟
چون او ز تو دور شد به فرسنگ — تو نیز بزن قَرابه بر سنگ
چون ناوَرَدت به سال‌ها یاد — زو یاد مکن، چه کارت افتاد؟
زن گر نه یکی، هزار باشد — در عهد کم استوار باشد
چون نقش وفا و عهد بستند — بر نام زنان قلم شکستند
زن دوست بود، ولی زمانی — تا جز تو نیافت مهربانی
چون در بر دیگری نشیند — خواهد که دگر تو را نبیند
زن میل ز مرد بیش دارد — لیکن سوی کام خویش دارد
زن راست نبازد، آنچه بازد — جز زرق نسازد، آنچه سازد
بسیار جفای زن کشیدند — وز هیچ زنی وفا ندیدند
مردی که کند زن‌آزمایی — زن بهتر از او به بی‌وفایی
زن چیست؟ نشانه‌گاه نیرنگ — در ظاهر، صلح و در نهان جنگ
در دشمنی آفت جهان است — چون دوست شود، هلاک جان است
گویی که بکن، نمی‌نیوشد — گویی که مکن، دومَرده کوشد
چون غم خوری، او نشاط گیرد — چون شاد شوی، ز غم بمیرد
این کار زنانِ راست‌باز است — افسون زنانِ بد دراز است

***

مجنون ز گزاف آن سیه‌کوش		برزد ز دل آتشی جگرجوش
از درد دلش که در بر افتاد		از پای چو مرغ در سر افتاد
چندان سر خود بکوفت بر سنگ		کز خون همه کوه گشت گلرنگ
افتاد میان سنگ خاره		جان پاره و جامه پاره‌پاره
آن دیو که آن فسون بر او خواند		از گفتهٔ خویشتن خجل ماند
چندان نگذشت ازان بلندی		کآن دل‌شده یافت هوشمندی
آمد به هزار عذر در پیش		کای من خجل از حکایت خویش
گفتم سخنی دروغ و بد رفت		عفوم کن، کآنچه رفت، خود رفت
گر با تو یکی مزاح کردم		بر عذر تو جان مباح کردم
آن پرده‌نشین روی‌بسته		هست از قبل تو دل‌شکسته
شویش که ورا حریف و جفتست		سر با سر او شبی نخفته‌ست

***

گرچه دگری نکاح بستش		از عهد تو دور نیست دستش
جز نام تو بر زبان نیارد		غیر تو کس از جهان ندارد
یکدم نبود که آن پری‌زاد		صد بار نیاورد تو را یاد
سالی‌ست که شد عروس و بیش است		با مِهر تو و به مُهر خویش است
گر بی‌تو هزار سال باشد		بر خوردن ازو محال باشد
مجنون که دران دروغ‌گویی		دید آینه‌ای بدان دورویی
اندک‌تر از آنچه بود غم خورد		کم مایه از آنچه کرد، کم کرد
می‌بود چو مرغ پر شکسته		زان ضربه که خورد، سرشکسته

از جزع پر آب لعل می‌سفت / بر عهد شکسته بیت می‌گفت
سامان و سری نداشت کارش / کز وی خبری نداشت یارش

شکایت کردن مجنون با خیال لیلی

مشّاطهٔ این عروس نوعهد / در جلوه چنان کشیدش از مهد
کان مهدنشین عروس جَمّاش / رشک قلم هزار نقّاش
چون گشت به شوی پای‌بسته / بود از پی دوست دل‌شکسته
غمخوارهٔ او غمی دگر یافت / کز کردن شوی او خبر یافت
گشته خرد فرشته‌فامش / مجنون‌تر ازان که بود نامش
افتاده چو مرغ پر فشانده / بیش از نفسی در او نمانده
در جستن آب زندگانی / برجست به حالتی که دانی
شد سوی دیار آن پری‌روی / باریک شده ز مویه چون موی
با او به زبان باد می‌گفت / کای جفتِ نشاط گشته با جفت

***

کو آن دو به دو به هم نشستن؟ / عهدی به هزار عهده بستن؟
کو آن به وصال امید دادن؟ / سر بر خط خاضعی نهادن؟
دعوی کردن به دوستاری / دادن به وفا امیدواری
و امروز به ترک عهد گفتن / رخ بی‌گنهی ز من نهفتن
گیرم دلت از سر وفا شد / آن دعوی دوستی کجا شد؟
من با تو به کار جان‌فروشی / کار تو همه زبان‌فروشی
من مهر تو را به جان خریده / تو مهر کسی دگر گزیده

کس عهد کسی چنین گذارد	کاو را نفسی به یاد نارد؟
با یار نو آنچنان شدی شاد	کز یار قدیم ناوری یاد
گر با دگری شدی هم‌آغوش	ما را به زبان مکن فراموش
شد در سر باغ تو جوانیم	آوخ همه رنج باغبانیم
این فاخته رنج برد در باغ	چون میوه رسید، می‌خورد زاغ
خرمای تو گرچه سازگار است	با هر که به جز من است، خار است
با آه چو من سَموم داغی	کس بر نخورد ز چون تو باغی
چون سرو روانی، ای سمن‌بر	از سرو نخورده هیچ‌کس بر
برداشتی اوّلم به یاری	بگذاشتی آخرم به خواری
آن روز که دل به تو سپردم	هرگز به تو این گمان نبردم
بفریفتی‌ام به عهد و سوگند	کان تو شوَم به مهر و پیوند
سوگند نگر، چه راست خوردی!	پیوند نگر، چه راست کردی!
کردی دل خود به دیگری گرم	وز دیدهٔ من نیامدت شرم
تنها نه من و توییم در دَور	کازرم یکی کنیم با جَور
دیگر متعرّفان به کارند	کایشان بد و نیکها شمارند
بینند که تا غم تو خوردم	با من، تو و با تو، من چه کردم
گیرم که مرا دو دیده بستند	آخر دگران نظاره هستند
چون عهدهٔ عهد بازجویند	جز عهدشکن، تو را چه گویند؟
فرّخ نبوَد شکستن عهد	اندیشه کن از شکستن مهد
گل تا نشکست عهد گلزار	نشکست زمانه در دلش خار

لیلی و مجنون

می تا نشکست روی اوباش / در نام شکستگی نشد فاش

شب تا نشکست ماه را جام / با روی سیه نشد سرانجام

در تو به چه دل امید بندم؟ / وز تو به چه روی بازخندم؟

کان وعده که پی در او فشردی / عمرم شد و هم به سر نبردی

تو آن نکنی که من شوَم شاد / وآن‌کس نه منم که نارمت یاد

با این‌همه رنج کز تو سنجم / رنجیده شوم، گر از تو رنجم

غم در دل من چنان نشاندی / کآزرم در آن میان نماندی

آن روی نه کآشنات خوانم / وآن دل نه که بی‌وفات دانم

عاجز شده‌ام ز خوی خامت / تا خود چه توان نهاد نامت

با این‌همه جورها که رانی / هم قوّت جسم و قوت جانی

بیداد تو گرچه عمرکاه است / زیبایی چهره عذرخواه است

آن را که چنان جمال باشد / خون همه‌کس حلال باشد

روزی تو و من چراغ دل‌ریش / به زان نبود که میرمت پیش

مه گر شکرین بوَد، تو ماهی / شه گر به دو رخ بوَد، تو شاهی

گل در قصبی و لاله در خز / شیرین و رزین چو شیرهٔ رز

گر آتش بیندت بدان نور / آبش به دهان درآید از دور

باغ ارچه گل و گلاله‌دار است / از عکس رخت نواله‌خوار است

اطلس که قبای لعل شاهی‌ست / با قرمزی رخ تو کاهی‌ست

ز ابروی تو هر خمی خیالی‌ست / هر یک شب عید را هلالی‌ست

گر عود نه صندل سپید است / با سرخ گل تو سرخ بید است

سلطان رخت به چتر مشکین	هم ملک حبش گرفت و هم چین
از خوبی چهرهٔ چنین یار	دشوار توان برید، دشوار
تدبیر دگر جز این ندانم	کاین جان به سر تو برفشانم
آزرم وفای تو گزینم	در جور و جفای تو نبینم
هم با تو شکیب را دهم ساز	تا عمر کجا عنان کشد باز

رفتن پدر مجنون به دیدن فرزند

دهقان فصیح پارسی‌زاد	از حال عرب چنین کند یاد
کآن پیرِ پسر به باد داده	یعقوبِ ز یوسف اوفتاده
چون مجنون را رمیده‌دل دید	ز آرامش او امید ببرید
آهی به شکنجه درج می‌کرد	عمری به امید خرج می‌کرد
ناسود ز چاره بازجستن	زنگی، ختنی نشد به شستن
بسیار دوید و مال پرداخت	اقبال بر او نظر نینداخت
زان درد رسیده گشت نومید	کامّید بهی نداشت جاوید
در گوشه نشست و ساخت توشه	تا کی رسدش چهارگوشه
پیریّ و ضعیفی و زبونی	کردش به رحیل رهنمونی
تنگ آمد از این سراچهٔ تنگ	شد نای گلوش چون دم چنگ
ترسید کاجل به سر درآید	بیگانه کسی ز در درآید
بگرفت عصا چو ناتوانان	برداشت تنی دو از جوانان
شد باز به جستجوی فرزند	بر هرچه کند خدای خرسند
برگشت به گرد کوه و صحرا	در ریگ سیاه و دشت خضرا

می‌زد به امید، دست و پایی — از وی اثری ندید جایی
تا عاقبتش یکی نشان داد — کآنک به فلان عقوبت‌آباد
جاییّ و چه جای؟ از این مغاکی — مانندهٔ گور هولناکی
چون ابر سیاه، زشت و ناخوش — چون نفت سپید، کان آتش
ره پیش گرفت پیر مظلوم — یکروزه دوید تا بدان بوم
دیدش نه چنان‌که دیده می‌خواست — کآن دید، دلش ز جای برخاست
بی‌شخص رونده دید، جانی — در پوست کشیده استخوانی
آواره‌ای از جهان هستی — متواریِ راه بت‌پرستی
جَونی به خیال بازبسته — مویی ز دهان مرگ رسته
بر روی زمین ز سگ دوان‌تر — وز زیرزمینیان نهان‌تر
دیگ جسدش ز جوش رفته — افتاده ز پای و هوش رفته
مانندهٔ مار پیچ بر پیچ — پیچیده سر از کلاه و سرپیچ
از چرم ددان بَدَست‌واری — بر ناف کشیده چون ازاری
آهسته فراز رفت و بنشست — مالید به رِفق بر سرش دست
خون جگر از جگر برانگیخت — هم بر جگر از جگر همی‌ریخت
مجنون چو گشاد دیده را باز — شخصی بر ِخویش دید دمساز
در روی پدر نظاره می‌کرد — نشناخت وَز او کناره می‌کرد
آن کاو خود را کند فراموش — یاد دگران کجا کند گوش؟
گفتا چه کسی؟ ز من چه خواهی؟ — ای من رهیِ تو، از چه راهی؟
گفتا پدر توأم بدین روز — جویان تو با دل جگرسوز

مجنون چو شناختش که او کیست / در پای وی اوفتاد و بگریست
از هر دو سرشکِ دیده بگشاد / این بوسه بدان و آن بدین داد
کردند ز روی بی‌قراری / بر خود به هزار نوحه زاری
چون چشم پدر ز گریه پرداخت / سر تا قدمش نظر برانداخت
دیدش چو برهنگان محشر / هم پای برهنه مانده، هم سر
از عیبه گشاد کسوتی نغز / پوشید در او ز پای تا مغز
در هیکل او کشید جامه / از غایت کفش تا عمامه
از هر مثلی که یاد بودش / پندی پدرانه می‌نمودش
کای جان پدر، نه جای خواب است / کایّام دواسبه در شتاب است
زین ره که گیاش تیغ تیز است / بگریز که مصلحت گریز است
در زخم چنین نشانه‌گاهی / سالیت نشسته گیر و ماهی
تیری زده چرخ بی‌مدارا / خون ریخته از تو آشکارا
روزی دو سه پی فشرده گیرت / افتاده ز پای و مرده گیرت
در مرداری، ز گرگ تا شیر / کرده دَد و دام را شکم سیر
بهتر سگ شهر خویش بودن / تا ذُلّ غریبی آزمودن
چندان‌که دوید پی، دویدی / جایی نرسیدی و رسیدی
رنجیده شدن نه رای دارد / با رنج‌کشی که پای دارد؟
آن رودکده که جای آب است / از سیل نگر که چون خراب است
وآن کوه که سیل ازان گریزد / در زلزله بین که چون بریزد
زین‌سان که تو زخم رنج بینی / فرسوده شوی گر آهنینی

از توسنی تو پر شد ایّام	روزی دو سه رام شو، بیارام
سر رفت و هنوز بدلگامی	دل سوخته شد، هنوز خامی
ساکن شو از این جمازه راندن	با یاوگیان فرس دواندن
گه مشرف دیوخانه بودن	گه دیوچهٔ زمانه بودن
صابر شو و پایدار و بشکیب	خود را به دمی دروغ بفریب
خوش باش به عشوه، گرچه باد است	بس عاقل کاو به عشوه شاد است
گر عشوه بود دروغ و گر راست	آخر نفسی تواند آراست
به گر نفسیت خوش برآید	تا خود نفس دگر چه زاید
هر خوش‌دلی‌ای که آن نه حالی‌ست	از تکیهٔ اعتماد خالی‌ست
بس گندم کان ذخیره کردند	زان جو که زدند، جو نخوردند
امروز که روز عمر برجاست	می‌باید کرد کار خود راست
فردا که اجل عنان بگیرد	عذر تو جهان کجا پذیرد؟
شربت نه ز خاص خویشت آرند	هم پردهٔ تو به پیشت آرند
آن پوشد زن که رشته باشد	مرد آن درود که کِشته باشد
امروز بُخور جهد می‌سوز	تا بوی خوشیت باشد آن روز
پیشینه عیار مرگ می‌سنج	تا مرگ رسد، نباشدت رنج
از پنجهٔ مرگ جان کسی بُرد	کاو پیش ز مرگ خویشتن مُرد
هر سر که به وقت خویش پیش است	سیلی‌زدهٔ قفای خویش است
وآن لب که دران سفر بخندد	از پختهٔ خویش توشه بندد
میدان تو بی‌کس است، بنشین	شوریده‌سری بس است، بنشین

لیلی و مجنون

آرام دلی‌ست هر دمی را — پایانی هست هر غمی را
سگ را وطن و تو را وطن نیست — تو آدمی‌ای، در این سخن نیست
گر آدمی‌ای، چو آدمی باش — ور دیو، چو دیو در زَمی باش
غولی که بسیچ در زَمی کرد — خود را به تکلّف آدمی کرد
تو آدمی‌ای بدین شریفی — با غول چرا کنی حریفی؟
روزی دو که با تو هم‌عنانم — خالی مشو از رکاب جانم
جنس تو منم، حریف من باش — تسکین دل ضعیف من باش
امشب چو عنان ز من بتابی — فردا که طلب کنی نیابی
گر بر تو از این سخن گرانی‌ست — این هم ز قضای آسمانی‌ست
نزدیک رسید، کار می‌ساز — با گردش روزگار می‌ساز
خوش زی تو که من ورق نَوَشتم — می‌خور تو که من خراب گشتم
من می‌گذرم، تو در امان باش — غم کشت مرا، تو شادمان باش
افتاد بر آفتاب گردم — نزدیک شد آفتاب زردم
!روزم به شب آمد، ای سحر! هان — !جانم به لب آمد، ای پسر! هان
ای جان پدر بیا و بشتاب — تا جان پدر نرفته دریاب
زان پیش که من درآیم از پای — در خانهٔ خویش گرم کن جای

***

آواز رحیل دادم اینک — در کوچگه اوفتادم اینک
ترسم که به کوچ رانده باشم — آیی تو و من نمانده باشم
سر بر سر خاک من بمالی — نالی ز فراق و سخت نالی

گر خود نفست چو دود باشد | زان دود مرا چه سود باشد؟
ور تاب غمت جهان بسوزد | کِی چهرهٔ بخت من فروزد؟

جواب دادن مجنون پدر را

چون پند پدر شنود فرزند | می‌خواست که دل نهد بر آن پند
روزی دو به چابکی شکیبد | پا درکشد و پدر فریبد
چون توبهٔ عشق می‌سگالید | عشق آمد و گوش توبه مالید

***

گفت ای نفس تو جان‌فزایم | اندیشهٔ تو گره‌گشایم
مولای نصیحت تو هوشم | در حلقهٔ بندگیت گوشم
پند تو چراغ جان‌فروزی‌ست | نشنیدن من ز تنگ‌روزی‌ست
فرمان تو کردنی‌ست، دانم | کوشم که کنم، نمی‌توانم
بر من ز خرد چه سکّه بندی؟ | بر سکّهٔ کار من چه خندی؟
در خاطر من که عشق ورزد | عالم همه حبّه‌ای نیرزد
بختم نه چنان به باد داده‌ست | کز هیچ شنیده‌ایم یادست
هر یاد که بود، رفت بر باد | جز فَرمُشی‌ام نماند بر یاد
امروز مگو، چه خورده‌ای دوش؟ | کآن خود سخنی بود فراموش
گر زآنچه رود درین زمانه | پرسی که چه می‌کنی؟ ندانم
دانم پدری تو، من غلامت | وآگاه نی‌ام که چیست نامت
تنها نه پدر ز یاد من رفت | خود یاد من از نهاد من رفت
در خود غلطم که من چه نامم؟ | معشوقم و عاشقم، کدامم؟

چون برق دلم ز گرمی افروخت
دلگرمی من وجود من سوخت

چون من به کریچه و گیایی
قانع شده‌ام ز هر اَبایی

پندارم کآسیای دوران
پرداخته گشت از آب و از نان

در وحشت خویش گشته‌ام گم
وحشی نزید میان مردم

با وحش، کسی که انس گیرد
هم عادت وحشیان پذیرد

چون خربزهٔ مگس‌گزیده
به گر شوم از شکم بریده

ترسم که ز من برآید این گَرد
در جملهٔ بوستان رسد درد

به کآبله را ز طفل پوشند
تا خونِ بجوش را نخوشند

مایل به خرابی است رایم
آن به که خراب گشت جایم

کم گیر ز مزرعت، گیاهی
گو در عدم اُفت، خاک راهی

یک حرف مگیر از آنچه خواندی
پندار که نطفه‌ای نراندی

گوری بکن و بر او بنه دست
پندار که مُرد عاشقی مست

زان‌کس نتوان صلاح درخواست
کز وی قلم صلاح برخاست

گفتی که رهِ رحیل پیش است
وین گمشده در رحیلِ خویش است

تا رحلت تو خزان من بود
آنِ تو ندانم، آن من بود

بر مرگ تو زنده اشک ریزد
من مرده، ز مرده‌ای چه خیزد؟

وداع کردن مجنون، پدر را

چون دید پدر که دردمند است
در عالم عشق شهربند است

برداشت ازو امید بهبود
کان رشتهٔ تب پر از گره بود

گفت ای جگر و جگرخور من
هم غُلّ من و هم افسر من

نومیدی تو سماع کردم	خود را و تو را وداع کردم

***

افتاد پدر ز کار، بگری	بگری به سزا و زار بگری
در گردنم آر دست و برخیز	آبی ز سرشک بر رخم ریز
تا غسل سفر کنم بدان آب	در مهد سفر، خوشم بَرَد خواب
این بازپسین دم رحیل است	در دیده به جای سرمه میل است
در بر گیرم، نه جای ناز است	تا توشه کنم که ره دراز است
زین عالم، رخت بر نهادم	در عالم دیگر اوفتادم
هم دور نی‌ام ز عالم تو	می‌میرم و می‌خورم غم تو
با اینکه چو دیده نازنینی	بدرود که دیگرم نبینی
بدرود که رخت راه بستم	در کشتی رفتگان نشستم
بدرود که بار برنهادم	در قبض قیامت اوفتادم
بدرود که خویشی از میان رفت	ما دیر شدیم و کاروان رفت
بدرود که عزم کوچ کردم	رفتم، نه چنان‌که بازگردم
چون از سر این درود بگذشت	بدرودش کرد و بازپس گشت
آمد به سرای خویش رنجور	نزدیک بدان که جان شود دور
روزی دو ز روی ناتوانی	می‌کرد به غصّه زندگانی
ناگه اجل از کمین برون تاخت	ناساخته کار، کار او ساخت
مرغ فلکی برون شد از دام	در «مَقعَد صدق» یافت آرام
عرشی به طناب عرش زد دست	خاکی به نشیب خاک پیوست

آسوده کسی‌ست کاو در این دِیر ... ناسوده بوَد چو ماه در سِیر
در خانهٔ غم بقا نگیرد ... چون برق بزاید و بمیرد
در منزل عالم سپنجی ... آسوده مباش تا نرنجی
آن‌کس که در این دِهِش مقام است ... آسوده‌دلی بر او حرام است
آن مرد کزین حصار جان برد ... آن مرد درین نه، این دران مرد
دیوی‌ست جهان فرشته‌صورت ... در بند هلاک تو ضرورت
در کاسش نیست جز جگر چیز ... وز پهلوی توست آن جگر نیز

***

سرو تو در این چمن دریغ است ... کآبش نمک و گیاش تیغ است
تا چند غم زمانه خوردن؟ ... تازیدن و تازیانه خوردن؟
عالم خوش خور که عالم این است ... تو در غم عالمی، غم این است

***

آن مار بود نه مرد چالاک ... کاو گنج رها کند، خورد خاک
خوش خور که گل جهان‌فروزی ... چون مار مباش خاک‌روزی
عمر است غرض، به عمر درپیچ ... چون عمر نماند گو ممان هیچ
سیم اَرچه صلاح خوب و زشتی‌ست ... لنگرشکن هزار کشتی‌ست
چون چَه مَسِتان، مدار در چنگ ... بِستان و بده چو آسیاسنگ
چون بِستانی، بیایدت داد ... کز داد و ستد جهان شد آباد

***

چون بارت نیست باج نبوَد ... بر ویرانی خراج نبوَد
زانان که جنیبه با تو راندند ... بنگر به جریده تا که ماندند؟

رفتند کیان و دین‌پرستان
ماندند جهان به زیردستان

این قوم کیان و آن کیانند؟
بر جای کیان نگر کیانند

همپایهٔ آن سران نگردی
الّا به طریق نیک‌مردی

نیکی کن و از بدی بیندیش
نیک آید نیک را فرا پیش

بد با تو نکرد هر که بد کرد
کان بد به یقین به جای خود کرد

نیکی بکن و به چَه در انداز
کز چَه به تو روی برکند باز

هر نیک و بدی که در نوایی‌ست
در گنبد عالمش صدایی‌ست

با کوه کسی که راز گوید
کوه آنچه شنید، بازگوید

آگاهی مجنون از مرگ پدر

روزی ز قضا به وقت شبگیر
می‌رفت شکاری‌ای به نخجیر

بر نجد نشسته بود مجنون
چون بر سر تاج دُرّ مَکنون

صیّاد چو دید بر گذر شیر
بگشاد در او زبان چو شمشیر

پرسید ورا چو سوگواران
کای دور از اهل بیت و یاران

فارغ که ز پیش تو پسی هست
یا جز لیلی تو را کسی هست

نز مادر و نز پدر به یادت
بی‌شرم کسی که شرم بادت

چون تو خلفی به خاک بهتر
کز ناخلفی برآوری سر

گیرم ز پدر به زندگانی
دوری طلبیدی از جوانی

چون مرد پدر تو را بقا باد
آخر کم ازان که آریَش یاد؟

آیی به زیارتش زمانی
وآری ز ترحّمش نشانی

در پوزش تربتش پناهی
عذری ز روان او بخواهی

مجنون ز نوای آن کج‌آهنگ / نالید و خمید، راست چون چنگ
خود را ز دریغ بر زمین زد / بسیار تپانچه بر جبین زد
زآرام و قرار گشت خالی / تا گور پدر دوید حالی
چون شوشهٔ تربت پدر دید / الماس شکسته در جگر دید
بر تربتش اوفتاد بی‌هوش / بگرفتش چون جگر در آغوش
از دوستی روان پاکش / تر کرد به آب دیده خاکش
گه خاک ورا گرفت در بر / گه کرد ز درد خاک بر سر
زندانی روز را شب آمد / بیمار شبانه را تب آمد
او خود همه‌ساله در ستم بود / کز گام نخست اسیر غم بود
آن‌کس که اسیر بیم گردد / چون باشد، چون یتیم گردد؟
نومید شده ز دستگیری / با ذُلّ یتیمی و اسیری
غلتید بَران زمین زمانی / می‌جُست ز همنشین نشانی
چون غمخور خویش را نمی‌یافت / از غم خوردن عنان نمی‌تافت
چندان ز مژه سرشک خون ریخت / کاندام زمین به خون برآمیخت
گفت ای پدر! ای پدر! کجایی / کافسر به پسر نمی‌نمایی؟
ای غمخور من، کجات جویم؟ / تیمار غم تو با که گویم؟
تو بی‌پسری صلاح دیدی / زان روی به خاک درکشیدی
من بی‌پدری ندیده بودم / تلخ است کنون که آزمودم
سرکوفت دوری‌ام مکن بیش / من خود خجلم ز کردهٔ خویش
فریاد برآید از نهادم / کآید ز نصیحت تو یادم

تو رایض من به کش خرامی	من توسن تو به بدلگامی
تو گوش مرا چو حلقهٔ زر	من دور ز تو، چو حلقه بر در
من کرده درشتی و تو نرمی	از من همه سردی، از تو گرمی
تو در غم جان من به صد درد	من گرد جهان گرفته ناورد

※※※

تو بستر من ز گرد رُفته	من رَفته به ترک خواب گفته
تو بزم نشاط من نهاده	من بر سر سنگی اوفتاده
تو گفته دعا و اثر نکرده	من کِشته درخت و بَر نخورده
جان‌دوستی تو را به هر دم	یاد آرم و جان برآرم از غم
بر جامه ز دیده نیل پاشم	تا کور و کبود هر دو باشم
آه ای پدر! آه از آنچه کردم	یک درد نه، با هزار دردم
آزردمت ای پدر نه بر جای	وای اَر بِحِلَم نمی‌کنی، وای
آزار تو راه ما مگیراد	ما را به گناه ما مگیراد
ای نور دِه ستارهٔ من	خوشنودی توست چارهٔ من
ترسم کند‌م خدای مأخوذ	گر تو نشوی ز بنده خوشنود
گفتی جگر منی به تقدیر	وآنگاه بدین جگر زنی تیر
گر من جگر توأم متابم	چون بی‌نمکان مکن کبابم
زین‌سان جگرت به خون گشایی	تو در جگر زمین چرایی؟
خون جگرم خوری بدین روز	خوانی جگرم، زهی جگرسوز
با من جگرت جگرخور افتاد	کآتش به چنین جگر در افتاد

گر در حق تو شدم گنهکار	گشتم به گناه خود گرفتار
گر پند به گوش در نکردم	از زخم تو گوشمال خوردم
زین‌گونه دریغ و آه می‌کرد	روزی به شبی سیاه می‌کرد
تا شب علم سیاه ننمود	ناله‌ش ز دهل زدن نیاسود

***

چون هاتف صبح دم برآورد	وز کوه شفق علم برآورد
اکسیری صبح کیمیاگر	کرد از دم خویش خاک را زر
آن خاک روان ز روی آن خاک	بر پشتهٔ نجد رفت غمناک
می‌کرد همان سرشک‌باری	امّا به طریق سوگواری
می‌زد نفسی به شوربختی	می‌زیست به صدهزار سختی
می‌برد ز بهر دلفروزی	روزی به شبی، شبی به روزی

انس مجنون با وحوش و سباع

صاحب‌خبر فسانه‌پرداز	زین قصّه خبر چنین کند باز
کان دشت بساطِ کوه‌بالین	ریحانِ سراچهٔ سفالین

***

از سوگ پدر چو بازپرداخت	آواره به کوه و دشت می‌تاخت
روزی ز طریده‌گاه آن دشت	بر خاک دیار یار بگذشت
دید از قلم وفا سرشته	«لیلی مجنون» به هم نوشته
ناخن زد و آن ورق خراشید	خود ماند و رفیق را تراشید
گفتند نظارگان چه رای است	کز هر دو رقم یکی به جای است؟

گفتا رقمی به ار پس افتد / کز ما دو رقم یکی بس افتد

چون عاشق را کسی بکاود / معشوقه ازو برون تراود

گفتند چراست در میانه / او کم شده و تو بر نشانه؟

گفتا که به پیش من نه نیکوست / کاین دل‌شده، مغز باشد او پوست

من به که نقاب دوست باشم / یا بر سر مغز، پوست باشم

این گفت و گذشت ازان گذرگاه / چون رابعه رفت راه و بی‌راه

می‌خواند چو عاشقان نسیبی / می‌جست علاج را طبیبی

وحشی شده و رسن گسسته / وز طعنه و خوی خلق رسته

خو کرده چو وحشیان صحرا / با بیخ نبات‌های خضرا

نه خوی دد و نه حیطهٔ دام / با دام و ددش همواره آرام

آورده به حفظ دورباشی / از شیر و گوزن خواجه‌تاشی

هر وحش که بود در بیابان / در خدمت او شده شتابان

از شیر و گوزن و گرگ و روباه / لشکرگاهی کشیده بر راه

ایشان همه گشته بنده فرمان / او بر همه شاه، چون سلیمان

از پرّ عقاب سایبانش / در سایهٔ کرکس استخوانش

شاهیش به غایتی رسیده / کز خوی ددان ددی بریده

افتاده ز میش گرگ را زور / برداشته شیر، پنجه از گور

سگ با خرگوش صلح کرده / آهو بره شیرِ شیر خورده

او می‌شد، جان به کف گرفته / وایشان پس و پیش صف گرفته

از خوابگهش گهی که خُفتی / روباه به دم زمین برُفتی

آهو به مُغَمِّزی دویدی
پایش به کنار در کشیدی

بر گردن گور تکیه دادی
بر ران گوزن سر نهادی

زانو زده بر سَرین او شیر
چون جانداران کشیده شمشیر

گرگ از جهت یَتاقداری
رفته به یَزَک به جان‌سپاری

درّنده پلنگ وحش‌زاده
از خوی پلنگی اوفتاده

زین یاوگیان دشت‌پیمای
گِردش دو سه صف کشیده بر پای

او چون ملکان جناح بسته
در قلبگه ددان نشسته

از بیم درندگان خون‌خوار
با صحبت او نداشت کس کار

آن را که رضای او ندیدند
حالیش درندگان دریدند

وآن را که بخواندی او به دیدن
کس زهره نداشتی دریدن

او چه ز آشنا، چه از خویش
بی‌دستوری کسی نشد پیش

در موکب آن جریده‌رانان
می‌رفت چو با گله شبانان

با وحش چو وحش گشته همدست
کز وحش به وحش می‌توان رست

***

مردم به تعجّب از حسابش
وز رفتن وحش در رکابش

هرجا که هوس‌رسیده‌ای بود
تا دیده بر او نزد نیاسود

هر روز مسافری ز راهی
کردی بر او قرارگاهی

آوردی ازان خورش که شاید
تا روزهٔ نذر از او گشاید

وآن خُرم نشین چرم شیران
بددل‌کنِ جملهٔ دلیران

یک ذرّه ازان نواله خوردی
باقی به ددان حواله کردی

از بس که ربیعی و تَموزی	دادی به ددان برات روزی
هر دد که بدید، سجده کردش	روزی‌ده خویشتن شمردش
پیرامن او دویدن دد	بود از پی کسب روزی خود
احسان همه خلق را نوازد	آزادان را به بنده سازد
با سگ چو سخا کند مجوسی	سگ گربه شود به چاپلوسی

حکایت

در قصّه شنیده‌ام که باری	بوده‌ست به مرو تاجداری
در سلسله داشتی سگی چند	دیوانه‌فش و چو دیوِ دربند
هر یک به صلابت گرازی	بُرده سر اشتری به گازی
شه چون شدی از کسی بر آزار	دادیش بدان سگان خون‌خوار
هرکس که ز شاه بی‌امان بود	آوردن و خوردنش همان بود
بود از نُدَمای شه جوانی	در هر هنری تمام‌دانی
ترسید که شاه آشناسوز	بیگانه شود بدو یکی روز
آهوی ورا به سگ نماید	در نیش سگانش آزماید
از بیم سگان برفت پیشی	با سگبانان گرفت خویشی
هر روز شدی و گوسفندی	در مطرح آن سگان فکندی
چندان بنواختشان بدان‌سان	کان دشواری بدو شد آسان
از منّت دست زیر پایش	گشتند سگان مطیع رایش
روزی به طریق خشمناکی	شه دید در آن جوان خاکی
فرمود به سگدلان درگاه	تا پیش سگان برندش از راه

وآن سگ‌منشان سگی نمودند / چون سگ به تبرّکش ربودند
بستند و بدان سگانش دادند / خود دور شدند و ایستادند
وآن شیرسگان آهنین‌چنگ / کردند نخست بر وی آهنگ
چون منعم خود شناختندش / دم‌لابه‌کنان نواختندش
گردش همه دست‌بند بستند / سر بر سر دست‌ها نشستند
بودند برو چو دایه دل‌سوز / تا رفت بر این یکی شبانروز
چون روز سپید روی بنمود / سیفورِ سیاه شد زراندود
شد شاه ز کار خود پشیمان / غمگین شد و گفت با ندیمان
کان آهوی بی‌گناه را دوش / دادم به سگ، اینت خواب خرگوش
بینید که آن سگان چه کردند؟ / اندام ورا چگونه خوردند؟
سگبان چو ازین سخن شد آگاه / آمد برِ شاه و گفت کای شاه
این شخص نه آدمی، فرشته‌ست / کایزد ز کرامتش سرشته‌ست
برخیز و بیا ببین در آن نور / تا صُنع خدای بینی از دور
او در دهن سگان نشسته / دندان سگان به مهر بسته
زان گرگ‌سگان اژدهاروی / نازرده برو یکی سر موی
شه کرد شتاب تا شتابند / آن گم شده را مگر بیابند
بردند موکّلان راهش / از سلک سگان به صدر شاهش
شه ماند شگفت کآن جوانمرد / چون بود کزان سگان نیازرد؟
گریان‌گریان به پای برخاست / صد عذر به آب چشم ازو خواست
گفتا که سبب چه بود، بنمای / کاین یک نفس تو ماند بر جای؟

گفتا سبب آنکه پیش ازین بند | دادم به سگان نواله‌ای چند
ایشان به نواله‌ای که خوردند | با من لب خود به مهر کردند
ده سال غلامی تو کردم | این بود بری که از تو خوردم
دادی به سگانم از یک آزار | وین بد که نبد سگ آشناخوار
سگ دوست شد و تو آشنا نه | سگ را حق حرمت و تو را نه
سگ صلح کند به استخوانی | ناکس نکند وفا به جانی
چون دید شه آن شگفتکاری | کز مردمی است رستگاری
هشیار شد از خمار مستی | بگذاشت سگی و سگ‌پرستی
مقصودم از این حکایت آن است | کاحسان و دهش حصار جان است
مجنون که بدان ددان خورش داد | کرد از پی خود حصاری آباد
ایشان که سلاح کار بودند | پیرامن او حصار بودند
گر خاست و گر نشست حالی | آن موکب از او نبود خالی
تو نیز گر آن کنی که او کرد | خوناب جهان نبایدت خورد
همخوان تو گر خلیفه نام است | چون از تو خورَد، تو را غلام است

نیایش کردن مجنون به درگاه خدای تعالی

رخشنده شبی چو روز روشن | روتازه فلک چو سبز گلشن
از مرسله‌های زرحمایل | زرّین شده چرخ را شمایل
سیّاره به دست‌بند خوبی | بر نَطع افق به پای‌کوبی
بر دیو، شهاب حربه رانده | «لاحَولَ وَلا» ز دور خوانده
از نافهٔ شب هوا معنبر | وز گوهر مَه، زمین منوّر

زان گوهر و نافه، چرخ شش طاق
پر زیور و عطر کرده آفاق

انجم صفت دگر گرفته
زیبندگی‌ای ز سر گرفته

صد گونه ستارهٔ شباهنگ
بنموده سپهر در یک اورنگ

کرده فلک از فلک‌سواری
رویین دزِ قطب را حصاری

فرقد به یَزَک جنیبه رانده
کشتی به جناح شَط رسانده

پروین ز حریر زرد و ازرق
بر سنجق زر کشیده بیرق

مه گرد پرند زر کشیده
پیرایه‌ای از قَصَب تنیده

گفتی ز کمان‌گروههٔ شاه
یک مهره فتاد بر سر ماه

یا شکل عطارد از کمانش
تیری‌ست که زد بر آسمانش

زهره که ستام زین او بود
خوش‌خو چو خوی جبین او بود

خورشید چو تیغ او جهان‌سوز
پوشیده به شب، برهنه در روز

مریخ به کینه گرم تعجیل
تا چشم عدوش را کشد میل

برجیس به مُهر او نگین داشت
کاقبال جهان در آستین داشت

کیوان مَسَنی علاقه‌آویز
تا آهن تیغ او کند تیز

شاهی که چنین بود جلالش
آفاق مباد بی‌جمالش

در خدمت این خدیو نامی
«ما أَعظَمَ شَأنَک» ای نظامی

از شکل بروج و از منازل
افتاده سپهر در زلازل

عکس حمل از هلال خنده
بر جیب فلک زهی فکنده

گاو فلکی چو گاو دریا
گوهر به گلو در از ثریّا

جوزا کمر دورویه بسته
بر تخت دوپیکری نشسته

هقعه چو کواعب قصب‌پوش / با هنعه نشسته گوش در گوش

خرچنگ به چنگل ذراعی / انداخته ناخن سِباعی

نثره به نثار گوهرافشان / طُرفه طَرَفی دگر زرافشان

جَبهه ز فروغ جبهت خویش / افروخته صد چراغ در پیش

قلب‌الاسد از اسد فروزان / چون آتش عود عودسوزان

عَذرارُخ سنبله در آن طرف / بی‌صرفه نکرد دانه‌ای صرف

انگیخته غَفر چون کریمان / سه قرصه به کاسهٔ یتیمان

میزان چو زبان مرد دانا / بگشاده زبانه با زبانا

عَوّا ز سَماک هیچ‌شمشیر / تازی سگ خویش رانده بر شیر

اِکلیل به قلب تاج داده / عقرب به کمان خراج داده

با صادر و وارد نعایم / بَلده دو سه دست کرده قایم

جُدّی سر خود چو بُز بریده / کافسانهٔ سربزی شنیده

ذابح ز خطر دهان گرفته / سعد اخبیه را عنان گرفته

بلع ارنه دعای بلعمی بود / در صبح چرا دو دست بنمود؟

دلو از کله‌های آفتابی / خاموش‌لب از دهن پرآبی

بنوشته دو بیت زیرش از زر / کاین هست مقدّم، آن مؤخّر

خاتون رشا ز ناقه‌داری / با بطنُ الحوت در عماری

بر شهرهٔ منزل کواکب / اجرام بروج گشته راکب

بسته به سه‌پایهٔ هوایی / بطنُ الحَمَل از چهارپایی

عیّوق به دست زورمندی / برده ز همافسران بلندی

وآن کوکب دیگ‌پایه‌کردار / در دیگ فلک فشانده افزار
نسرین پرنده پرگشاده / طایر شده، واقع ایستاده
شِعری به سیاقت یمانی / بی‌شعر به آستین‌فشانی
مبسوطه به یک چراغ زنده / مقبوضه دو چشم زاغ کنده
سیّاف مَجَرّه‌رنگ شمشیر / انداخته بر قِلادهٔ شیر
چون فردروان، ستارهٔ فرد / بر فرق جنوب جلوه می‌کرد
بنشسته سریر بر توابع / ثالث چه عجب به زیر رابع
توقیع سماک‌ها مسلسل / گه رامِح بوده، گاه اَعزَل
می‌کرد سُها ز همنشینان / نقّادی چشم تیزبینان
تابان دم گرگ در سحرگاه / چون یوسف چاهی از بن چاه
پیرامن آن فلک‌نوردان / پرگار بنات نعش گردان
قاری برِ نعش در سواری / کی دور بود ز نعش، قاری؟

نیایش مجنون با زهره

مجنون ز سر نظاره‌سازی / می‌کرد به چرخ حقّه‌بازی
بر زهره نظر گماشت اوّل / گفت ای به تو بخت را معوّل
ای زهرهٔ روشن شب‌افروز / ای طالع دولت از تو پیروز
ای مشعلهٔ نشاط‌جویان / صاحب‌رصدِ سرودگویان
ای در کف تو کلید هر کام / در جرعهٔ تو رحیق هر جام
ای مُهر نگین تاجداری / خاتون سرای کامگاری
ای طیبتیِ لطیف‌رایان / خلق تو عبیر عطرسایان

لُطفی کن ازان لَطَف که داری — بگشای درِ امیدواری
زان یار که او دوای جان است — بویی برسان که وقت آن است

نیایش مجنون با مشتری

چون مشتری از افق برآمد — با او ز در دگر درآمد
کای مشتری، ای ستارهٔ سعد — ای در همه وعده صادق‌الوعد
ای در نظر تو جان‌فزایی — در سکّهٔ تو جهان‌گشایی
ای منشی نامهٔ عنایت — بر فتح و ظفر تو را ولایت
ای راست به تو قرار عالم — قایم به صلاح کار عالم
ای بخت مرا بلندی از تو — دل را همه زورمندی از تو
در من به وفا نظاره‌ای کن — ور چارت هست، چاره‌ای کن

نیایش مجنون به درگاه یزدان

چون دید که آن بخارخیزان — هستند ز اوج خود گریزان
دانست کزان خیال‌بازی — کارش نرسد به چاره‌سازی
نالید دران که چاره‌ساز است — از جمله وجود بی‌نیاز است
گفت ای درِ تو پناهگاهم — در جز تو کسی چرا پناهم؟
ای زهره و مشتری غلامت — سرنامهٔ نامِ جمله نامت
ای علم تو بیش ازان که دانند — و احسان تو بیش ازان که خوانند
ای بندگشای جمله مقصود — دارای وجود و داور جود
ای کار برآورِ بلندان — نیکوکنِ کار مستمندان

ای ما همه بندگان در بند | کس را نه به‌جز تو کس خداوند
ای هفت فلک فگندهٔ تو | ای هرکه به‌جز تو بندهٔ تو
ای شش جهت از بلند و پستی | مملوک تو را به زیردستی
ای گر بصری به تو رسیده | بی‌دیده شده چو در تو دیده
ای هر که سگ تو، گوهرش پاک | وی هر که نه با تو، بر سرش خاک
ای خاک من از تو آب گشته | بنگر به من خراب‌گشته
مگذار که عاجزی غریبم | از رحمت خویش ده نصیبم
آن کن ز عنایت خدایی | کآید شب من به روشنایی
روزم به وفا خجسته گردد | بختم ز بهانه رَسته گردد
چون یک به یک این سخن فروگفت | در گفتن این سخن فروخفت
در خواب چنان نمود بختش | کز خاک بر اوج شد درختش
مرغی بپریدی از سر شاخ | رفتی برِ او به طبع گستاخ
گوهر ز دهن فروفشاندی | بر تارَک تاج او نشاندی
بیننده ز خواب چون درآمد | صبح از افق فلک برآمد
چون صبح ز روی تازه‌رویی | می‌کرد نشاط مهرجویی
زان خواب مزاج برگرفته | زان مرغ چو مرغ پر گرفته
در عشق که وصل تنگ‌یاب است | شادی به خیال یا به خواب است

رسیدن نامه لیلی به مجنون

روزیّ و چه روز؟ عالم‌افروز | روشن همه چشمی از چنان روز
صبحش ز بهشت بردمیده | بادش نفس مسیح دیده

لیلی و مجنون

آن بخت که کار ازو شود راست / آن روز به دست راست برخاست
دولت ز عتاب سیر گشته / بخت آمده، گرچه دیر گشته
مجنونِ مشقّت‌آزموده / دل‌کاشته و جگردروده
آن روز نشسته بود بر کوه / گِردش دد و دام گشته انبوه
از پرّهٔ دشت سوی آن سنگ / گردی برخاست توتیا رنگ
وز برقع آن‌چنان غباری / رخساره نموده شهسواری
شخصیّ و چه شخص؟ پارهٔ نور / پیش آمد و شد پیاده از دور
مجنون چو شناخت کاو حریف است / وز گوهر مردمی شریف است
بر موکب آن سباع زد دست / تا جمله شدند بر زمین پست
آمد برِ آن سوار تازی / بگشاد زبان به دل‌نوازی
کای نجم یمانی، این چه سیر است؟ / من کیّ و تو کی؟ بگو که خیر است
سیمای تو گرچه دل‌نواز است / اندیشهٔ وحشیان دراز است
ترسم ز رسن که ماردیده‌م / چه مار؟ که اژدها گزیده‌م
زین پیشترم گزاف‌کاری / در سینه چنان نشاند خاری
کز ناوک آهنینِ آن خار / روید ز دلم هنوز مسمار
گر تو هم ازان متاع داری / به گر نکنی سخن‌گزاری
مرد سفری ز لطف رایش / چون سایه فتاد زیر پایش
گفت ای شرف بلندنامان / بر پای ددان کشیده دامان
آهو به دل تو مهر داده / بر خطّ تو شیر سر نهاده
صاحب‌خبرم ز هر طریقی / یعنی به رفیقی از رفیقی

دارم سخنی نهفته با تو	زان‌گونه که کس نگفته با تو
گر رخصت گفتن است، گویم	ور نی، سوی راه خویش پویم
عاشق چو شنید امیدواری	گفتا که بیار تا چه داری
پیغامگزار داد پیغام	کای طالع توسنت شده رام
دی بر گذر فلان وطنگاه	دیدم صنمی نشسته چون ماه
ماهیّ و چه ماه؟ کآفتابی	بر ماهِ وی از قصب، نقابی
سروی، نه چو سرو باغ، بی‌بر	باغی، نه چو باغ خلد، بی‌در
شیرین‌سخنی که چون سخن گفت	بر لفظ چو آبش آب می‌خفت
آهوچشمی که چشم آهوش	می‌داد به شیر، خواب خرگوش
زلف سیهش به شکل جیمی	قدّش چو الف، دهن چو میمی
یعنی که چو با حروف «جامم»	شد جام جهان‌نمای نامم
چشمش چو دو نرگسِ پر از خواب	رسته به کنار چشمهٔ آب
ابروی به طاق او به هم جفت	جفت آمده و «به طاق» می‌گفت
جادومنشی به دل ربودن	ریحان‌نفسی به عطر سودن
القصّه چه گویم؟ آن‌چنان چست	کز دیده برآمد، از نفس رست
امّا قدری ز مهربانی	پذرفته نشان ناتوانی
تیرش صفت کمان گرفته	جزعش ز گهر نشان گرفته
نی گشته قضیب خیزرانیش	خیری شده رنگ ارغوانیش
خیریش نه زرد، بلکه زر بود	نی بود، ولیک نیشکر بود

***

در دوست به جان امید بسته ... با شوی ز بیم جان نشسته
بر گل ز مژه گلاب می‌ریخت ... مهتاب بر آفتاب می‌بیخت
از بس که نمود نوحه‌سازی ... بخشود دلم بر آن نیازی
گفتم چه کسیّ و گِریَت از چیست؟ ... نالیدن زارت از پی کیست؟
بگشاد شکر به زهرخنده ... کای بر جگرم نمک فکنده
لیلی بودم، ولیکن اکنون ... مجنون‌ترم از هزار مجنون
زان شیفتهٔ سیه‌ستاره ... من شیفته‌تر هزار باره
او گرچه نشانه‌گاه درد است ... آخر نه چو من زن است، مرد است
در شیوهٔ عشق هست چالاک ... کز هیچ‌کسی نبایدش باک
چون من به شکنجه در نکاهد ... آنجا قدمش رود که خواهد
مسکین من بی‌کسم که یک دم ... با کس نزنم دمی در این غم
ترسم که ز بی‌خودیّ و خامی ... بیگانه شوم ز نیک‌نامی
زهری به دهن گرفته نوشم ... دوزخ به گیاه خشک پوشم
از یک طرفم غم غریبان ... وز سوی دگر غم رقیبان
من زین دو علاقهٔ قوی‌دست ... در کش‌مکش اوفتاده پیوست
نه دل که به شوی برستیزم ... نه زهره که از پدر گریزم
گه عشق دلم دهد که برخیز ... زین زاغ و زغن چو کبک بگریز
گه گوید نام و ننگ بنشین ... کز کبک قوی‌تر است شاهین
زن گرچه بوَد مبارزافکن ... آخر چو زن است، هم بوَد زن
زن گیر که خود به خون دلیر است ... زن باشد زن، اگرچه شیر است

زین غم چو نمی‌توان بریدن	تن دردادم به غم کشیدن
لیکن جگرم به زیر خون است	کآن یار که بی‌من است؛ چون است؟
بی‌من ورقِ که می‌شمارد؟	ایّـــام چگـونه می‌گــذارد؟
صاحب‌سفر کدام راه است؟	سفره‌ش به کدام خانقاه است؟
هم‌صحبتی که می‌گزیند؟	یارش که؟ و با که می‌نشیند؟
گر هستی ازان مسافر آگاه	ما را خبری بده در این راه
چون من ز وی این سخن شنیدم	خاموش بُدَن روا ندیدم
آن نقش که بودم از تو معلوم	بر دل زدمش چو مهر بر موم
کآن شیفتهٔ ز خود رمیده	هست از همه دوستان بریده
باد است ز عشق تو به دستش	گور است و گوزن همنشستش
عشق تو شکسته بودش از درد	مرگ پدرش شکسته‌تر کرد
بیند همه روز خار بر خار	زین‌گونه فتاده کار در کار
گه قصّهٔ محنت تو خواند	وز دیده هزار سیل راند
گه مرثیت پدر کند ساز	وز سنگ سیه برآرد آواز
وآنگـــه ز قصـاید حلالت	کآمـوخته‌ام ز حسب‌حالت
خواندم دو سه بیت پیش آن ماه	زان‌سان که برآمد از دلش آه
لرزید به جای و سر فروبرد	دور از تو، چنانکه گفتم او مرد
بعد از نفسی که سر برآورد	آهــی دگـر از جگـر بـرآورد
بگریست به های‌های و فریاد	کرد از پدرت به نوحه در یاد
وز بی‌کسی تو در چنین درد	می‌گفت و بر آن دریغ می‌خورد

چون کرد بسی خروش و زاری
بنمود به عهدم استواری

کای پاکدل حلال‌زاده
بردار که هستم اوفتاده

روزی که ازین قرارگاهت
تدبیر بوَد به عزم راهت

بر خرگه من گذر کن از راه
وز دور به من نمود خرگاه

تا نامه‌ای از حساب کارم
ترتیب کنم، به تو سپارم

یاریت رساد تا نهانی
این نامه به یار من رسانی

این گفت و ازان حظیره برخاست
من نیز شدم به راه خود راست

دیروز بدان نشان که فرمود
رفتم به در وُثاق او زود

دیدمش کبود کرده جامه
پوشیده به من سپرد نامه

بر نامه نهاده مهر انده
یعنی «کَرَمُ الکِتابِ خَتمُه»

وآن نامه چنان که بود، بگشاد
بوسید و سبک به دست او داد

***

مجنون چو سخای نامه را دید
جز نامه هر آنچه بود، بدرید

بر پای نهاد سر چو پرگار
برگشت به گرد خویش صدبار

افتاد چنان‌که اوفتد مست
او رفته ز دست و نامه در دست

آمد چو به هوش خویشتن باز
داد از دل خود شکیب را ساز

مفاد نامه لیلی به مجنون

چون بازگشاد نامه را بند
بود اوّل نامه کرده پیوند

این نامه به نام پادشاهی
جان‌زنده‌کنی، خردپناهی

داناترِ جمله کاردانان
دانای زبان بی‌زبانان

لیلی و مجنون

قَسّام سپیدی و سیاهی — روزی‌ده جمله مرغ و ماهی
روشن‌کن آسمان به انجم — پیرایه‌ده زمین به مردم
فرد ازلی به ذوالجلالی — حیّ ابدی به لایزالی
جان داد و به جانور جهان داد — زین بیش خزینه چون توان داد؟
آراست به نور عقل جان را — و افروخت به هر دو این جهان را
زین‌گونه بسی گهر فشانده — وآن‌گاه حدیث عشق رانده
کاین نامه که هست چون پرندی — از غمزده‌ای به دردمندی
یعنی ز من حصاربسته — نزدیک تو ای قفس‌شکسته
ای یار قدیم‌عهد، چونی؟ — وی مهدی هفت مهد، چونی؟
ای خازن گنج آشنایی — عشق از تو گرفته روشنایی
ای خون تو داده کوه را رنگ — ساکن شده چون عقیق در سنگ
ای چشمهٔ خضر در سیاهی — پروانهٔ شمع صبحگاهی
ای از تو فتاده در جهان شور — گوری دو سه کرده مونس گور
ای زخمگه ملامت من — همقافلهٔ قیامت من
ای رحم نکرده بر تن خویش — وآتش زده بر به خرمن خویش
ای دل به وفای من نهاده — در معرض گفتگو فتاده
من دل به وفای تو سپرده — تو سر ز وفای من نبرده
چونیّ و چگونه‌ای؟ چه سازی؟ — من با تو، تو با که عشق بازی؟
چون بخت تو در فراقم از تو — جفت تواَم، ارچه طاقم از تو
وآن جفته‌نهاده، گرچه جفت است — سر با سر من شبی نخفته است

من سوده، ولی دُرَم نسوده‌ست — الماس کشش نیازموده‌ست
گنج گهرم که در به مُهر است — چون غنچهٔ باغ سر به مُهر است
شوی ارچه شکوه شوی دارد — بی‌روی توام چه روی دارد؟
در سیر نشان سوسنی هست — ریحان نشود، ولیک در دست
چون زرد خیار کُنج گردد — همکالبد ترنج گردد
ترشی کند از ترنج‌خویی — امّا نکند ترنج‌بویی
می‌خواستمی کزین جهانم — باشد چو تویی هم‌آشیانم
چون با تو به هم نمی‌توان زیست — زین‌سان که منم، گناه من چیست؟
آن دل که رضای تو نجوید — به گر به قضای بد بموید

***

مویی ز تو پیش من جهانی‌ست — خاری ز ره تو گلستانی‌ست
خَضرادِمَنیّ و خِضردامن — درساز چو آب خضر با من
من ماه و تو آفتابی از نور — چشمی به تو می‌گشایم از دور
عذر قدمم به بازماندن — دانی که خطاست بر تو خواندن
مرگ پدر تو چون شنیدم — بر مردهٔ تن کفن دریدم
کردم به تپانچه روی را خرد — پنداشتم آن پدر مرا مرد
در دیده چو گل کشیده‌ام میل — جامه زده چون بنفشه در نیل
با تو ز موافقی و یاری — کردم همه شرط سوگواری
جز آمدنی که نامد از دست — هر شرط که باید، آن همه هست
گر زین که تن از تو هست مهجور — جانم ز تو نیست یک زمان دور

از رنـج دل تـو هسـتم آگـاه	هـم چـاره شکیب شد دریـن راه
روزی دو دریــن رحیل‌خانه	مـی‌بایـد سـاخـت بـا زمانـه

***

عاقـل بـه اگـر نظـر ببنـدد	زان گریـه کـه دشمنی بخندد
دانـا بـه اگـر نیـاورد یاد	زان غـم کـه مخالفی شـود شاد

***

دهقـان منگر کـه دانـه ریـزد	آن بـیـن کـه ز دانـه دانـه خیزد
آن نخل کـه دارد این زمـان خار	فـردا رطب تـر آورد بـار
وآن غنچه که در خسک نهفته‌ست	پیــغـام‌دهِ گـل شکـفتـه‌ست
دل‌تنگ مبـاش اگـر کسـت نیست	من کس نی‌اَم آخر؟ این بست نیست؟
فریـاد ز بـی‌کسـی نـه رای است	کآخـر کس بـی‌کسان خدای است
از بـی‌پدری مسـوز چون بـرق	چـون ابر مشو به گریـه در غرق
گـر رفت پـدر، پسـر بمانـاد	کـان گـو بشکـن، گهـر بمانـاد

***

مجنون چو بخواند نامهٔ دوست	افتاد بـرون چـو غنچه از پوست
جـز یا ربـش از دهـن نیامد	یـک لحظه به خویشتن نیامد
چـون شـد بـه قـرار خـود تنومند	بشمرد بـه گریـه ساعتی چند
وآن قاصد را بداشت بـر جای	گه دستش بوسه داد و گه پای
گفتا که نه کـاغذ و نه خامه	چون راست کنم جواب نامه؟
قاصد ز میان گشـاد درجی	چابک شـده چـون وکیل خرجی
و اسبـاب دبیـری‌ای کـه بایـد	بسپـرد بدو چنان‌که شاید

مجنون قلمِ رونده برداشت نقشی به هزار نکته بنگاشت

***

دیرینه غمی که در دلش بود در مُرسلهٔ سخن برآمود

چون نامه تمام کرد، سربست بفکند به پیش قاصد از دست

قاصد ستد و دوید چون باد زان‌گونه که برد، نامه را داد

لیلی چو به نامه در نظر کرد اشکش بدوید و نامه تر کرد

نامه مجنون در پاسخ لیلی

بود اوّل آن خجسته پرگار نام ملکی که نیستش یار

دانای نهان و آشکارا کاو داد گهر به سنگ خارا

دارای سپهر و اخترانش دارندهٔ نعش و دخترانش

بینا کن دل به آشنایی روزآور شب به روشنایی

سیراب‌کن بهار خندان فریادرس نیازمندان

وآن‌گه ز جگرکبابی خویش گفته سخن خرابی خویش

کاین نامه ز من که بی‌قرارم نزدیک تو، ای قرار کارم

نی، نی، غلطم ز خون‌بجوشی وآن‌گه به کجا؟ به خون‌فروشی

یعنی ز منِ کلید در سنگ نزدیک تو، ای خزینه در چنگ

***

من خاک توام بدین خرابی تو آب که‌ای که روشن آبی؟

من در قدم تو می‌شوم پست تو در کمر که می‌زنی دست؟

من دردستان تو نهانی تو درد دل که می‌ستانی؟

من غاشیهٔ تو بسته بر دوش / تو حلقهٔ کی نهاده در گوش؟
ای کعبه من جمال رویت / محراب من آستان کویت
ای مرهم صد هزار سینه / دُرد من و می در آبگینه
ای تاج، ولی نه بر سر من / تاراج تو لیک در برِ من
ای گنج، ولی به دست اغیار / زان گنج به دست دوستان مار
ای باغ ارم به بی‌کلیدی / فردوس فلک به ناپدیدی
ای بند مرا مُفَتِّح از تو / سودای مرا مُفَرِّح از تو
این چوب که عود بیشهٔ توست / مشکن که هلاک تیشهٔ توست
بنواز مرا، مزن که خاکم / افروخته کن که گردناکم
گر بنوازی، بهارت آرم / ور زخم زنی، غبارت آرم
لطف است به جای خاک درخورد / کز لطف گل آید، از جفا گرد
در پای توام به سرفشانی / همسر مکنم به سرگرانی

***

چون برخیزد طریق آزرم / گردد همه شرمناک بی‌شرم
هستم به غلامی تو مشهور / خصمم کنی ار کنی ز خود دور
من در رهٔ بندگی کشم بار / تو پایهٔ خواجگی نگه‌دار
با تو سپرم، میفکنم زیر / چون بفکنی‌ام، شوم به شمشیر
بر آلت خویشتن مزن سنگ / با لشکر خویشتن مکن جنگ
چون بر تن خویشتن زنی نیش / اندام درست را کنی ریش
آن کن که به رفق و دلنوازی / آزادان را به بنده سازی

آن به که درم‌خریدهٔ تو | سرمه نبُرد ز دیدهٔ تو
هر خواجه که این کفایتش نیست | بر بندهٔ خود ولایتش نیست
وآن‌کس که بدین هنر تمام است | نخریده ورا بسی غلام است
هستم چو غلام، حلقه در گوش | می‌دار به بندگیم و مفروش

***

ای در کنف دگر خزیده | جفتی به مراد خود گزیده
نگشاده فقاعی از سلامم | بر تخته یخ نوشته نامم

***

یک نعل بر اَبرَشَم ندادی | صد نعل در آتشم نهادی
روزم چو شب سیاه کردی | هم زخم زدی، هم آه کردی

***

در دل ستدن ندادی‌ام داد | گر جان ببری، کی آری‌ام یاد؟
زخمی به زبان همی‌فروشی | من سوختم و تو بَرنَجوشی
نه هر که زبان دراز دارد | زخم از تن خویش باز دارد
سوسن ز سر زبان‌درازی | شد در سر تیغ و تیغ‌بازی
یاری که بوَد مرا خریدار | هم بر رخ او بوَد پدیدار
آنچ از تو مرا در این مقام است | بنمای مرا که تا کدام است؟
این است که عهد من شکستی؟ | در عهدهٔ دیگری نشستی؟
با من به زبان، فریب سازی | با او به مراد عشق بازی
گر عاشقی، آه صادقت کو؟ | با من نفس موافقت کو؟
در عشق تو چون موافقی نیست | این سلطنت است، عاشقی نیست

تو فارغ از آنکه بی‌دلی هست و اندوه تو را معاملی هست
من دیده به روی تو گشاده سر بر سر کوی تو نهاده
بر قرعهٔ چار حدّ کویت فالی زنم از برای رویت
آسوده کسی که در تو بیند نه آنکه به روز من نشیند
خرّم نه مرا، توانگری را کاو دارد چون تو گوهری را
باغ ارچه ز بلبلان پر آب است انجیر نوالهٔ غراب است
آب از دل باغبان خورد نار باشد که خورَد چو نُقل بیمار
دیریست که تا جهان چنین است محتاج تو، گنج در زمین است
کی می‌بینم که لعلِ گلرنگ بیرون جهد از شکنجهٔ سنگ؟
وآن ماه کزوست دیده را نور گردد ز دهان اژدها دور
زنبور پریده، شهد مانده خازن شده، ماه و مهد مانده
بگشاده خزینه وز حصارش افتاده به در خزینه‌دارش

***

ز آیینه غبار زنگ برده گنجینه به جای و مار مرده
دز بانوی من ز دز گشاده دزبان وی از دز اوفتاده
گر من شدم از چراغ تو دور پروانهٔ تو مباد بی‌نور
گر کُشت مرا غم ملامت باد ابن‌سلام را سلامت
ای نیک و بد مزاجم از تو دردم ز تو و علاجم از تو
هرچند حصارت آهنین است لؤلؤی ترت صدف‌نشین است
وز حلقهٔ زلف پر شکنجت در دامن اژدهاست گنجت

دانی که ز دوستاری خویش	باشد دل دوستان بداندیش
بر من ز تو صد هوس نشیند	گر بر تو یکی مگس نشیند
زان عاشق کورتر کسی نیست	کاو را مگسی چو کرکسی نیست
چون مورچه بی‌قرار از آنم	تا آن مگس از شکر برانم
این آن مثل است کان جوانمرد	بی‌مایه حساب سود می‌کرد
اندوهِ گلِ نچیده می‌داشت	پاسِ دُرِ ناخریده می‌داشت

* * *

بگذشت ز عشقت ای سمن‌بر	کار از لب خشک و دیدهٔ تر
شوریده‌ترم از آنچه دیدی	مجنون‌تر ازان که می‌شنیدی
با تو، خودیِ من از میان رفت	وین راه به بی‌خودی توان رفت
عشقی که دل این‌چنین نَوَرزد	در مذهب عشق، جو نَیَرزد

* * *

چون عشق تو روی می‌نماید	گر روی تو غایب است، شاید
عشق تو رقیب راز من باد	زخم تو جگرنواز من باد
با زخم من ارچه مرهمی نیست	چون تو به سلامتی، غمی نیست

آمدن سلیم عامری، خال مجنون، به دیدن او

صرّاف سخن به لفظ چون زر	در رشته چنین کشید گوهر
کز نقدکنان حال مجنون	پیری سره بود، خال مجنون
صاحب‌هنری حلال‌زاده	هم خاسته و هم اوفتاده
در نام، سلیم عامری بود	در چاره‌گری چو سامری بود

آن بـر هـمـه ریـش مـرهـم او	بودی همه‌ساله در غـم او
هـر مـاه ز جـامـه و طـعـامـش	بـردی هـمـه آلـتـی تـمـامـش
یـک روز نشسـت بـر نـجـیبـی	شد در طلب چنـان غریبی
می‌تاخت نجیب دشت بر دشت	دیـوانـه چـو دیـوبـاد مـی‌گشت
تا یافت ورا بـه کـنـج کـوهـی	آزاد ز بـنـد هـر گـروهـی
بـر وحـشـت خـلـق راه بـسـته	وحشی دو سه، گرد او نشسته
دادش چـو مـسـافـران رنـجـور	از بـیـم ددان سلامـی از دور
مجنون ز شنیدن سلامش	پرسید نشان و جست نامش
گفتا که مـنـم، سلیم عـامـر	سـرکـوب زمـانـۀ مـقـامـر
خـال تـو، ولـی ز روی تـو فـرد	روی تو به خال نیست درخورد
تو خود همه چهره خال گشتی	یـعـنـی حبشـی‌مـثـال گـشتـی
مجنون چو شناخت، پیش خواندش	هـمـزانـوی خویشتـن نشـانـدش
جستش خبری ز هـر نـشـانـی	و آسـود بـه صـحـبـتـش زمـانـی
چون یافت سلیمش آن‌چنان عور	بی‌گـور و کفن مـیـان آن گـور
آن جـامـۀ تـن کـه داشت در بـار	آورد و نـمـود عـذر بـسـیـار
کاین جامه حلالی است، درپوش	بـا مـن بـه حـلال‌زادگـی کـوش
گفتا تـن مـن ز جـامـه دور اسـت	کاین آتـش تیز و آن بَخور است
پنـدار در او نـظـاره کـردم	پوشیـدم و بـاز پـاره کـردم
از بـس کـه سلیـم بـازکـوشـید	آن جامه چنان‌که بـود پـوشید
آورد سبک طعـام در پیش	حلـوا و کلیـچه از عـدد بیش

لیلی و مجنون

چندانکه در او نمود ناله زان سفره نخورد یک نواله
بود او ز نواله خوردن آزاد زو می‌ستد و به وحش می‌داد
پرسید سلیم کای جگرسوز آخر تو چه می‌خوری شب و روز؟
از طعمه تواند آدمی زیست گر آدمی‌ای، طعام تو چیست؟
گفت ای چو دلم سلیم نامت توقیع سلامتم سلامت
از بی‌خورشی تنم فسرده‌ست نیروی خورندگیش مرده‌ست

***

خو باز بریدم از خورش‌ها فارغ شده‌ام ز پرورش‌ها
در نای گلوم نان نگنجد گر زانکه فرو برم، برنجد
زین‌سان که منم بدین نزاری مستغنی‌ام از طعام‌خواری
امّا نگذارم از خورش دست گر من نخورم، خورنده‌ای هست
خوردی که خورَد گوزن یا شیر ایشان خایند و من شوم سیر
چون دید سلیم کان هنرمند از نان به گیاه گشته خرسند
بر رغبت آن درشت‌خواری کردش به جواب نرم یاری
کز خوردن دانه‌های ایّام بس مرغ که اوفتاد در دام
آن را که هوای دانه بیش است رنج و خطر زمانه بیش است
هر کاو چو تو قانع گیاه است در عالم خویش پادشاه است

حکایت

روزی ملکی ز نامداران می‌رفت به رسم شهریاران
بر خانهٔ زاهدی گذر داشت کان زاهد از آن جهان خبر داشت

آمد عجبش که آن‌چنان مرد
مأواگهِ خود خراب چون کرد؟

پرسید ز خاصگان خود شاه
کاین شخص چه می‌کند درین راه؟

خوردش چه و خوابگاه او چیست؟
اندازه‌ش تا کجا و او کیست؟

گفتند که زاهدیست مشهور
از خواب جدا و از خورش دور

از خلق جهان گرفته دوری
درساخته با چنین صبوری

شه چون ورق صلاح او خواند
با حاجب خاص سوی او راند

حاجب سوی زاهد آمد از راه
تا آوردش به خدمت شاه

گفت ای از جهان بریده پیوند
گشته به چنین خراب خرسند

یاری نه، چه می‌کنی در این کار؟
قوتی نه، چه می‌خوری در این غار؟

زاهد قدری گیاه سوده
از مطرح آهوان درووده

برداشت بدو که خوردم این است
ره‌توشه و ره‌نوردم این است

حاجب ز غرور پادشایی
گفتش که درین بلا چرایی؟

گر خدمت شاه ما کنی ساز
از خوردن این گیا رهی باز

زاهد گفتا چه جای این است؟
این نیست گیا گل‌انگبین است

گر تو سر این گیا بیابی
از خدمت شاه سر بتابی

شه چون سخنی شنید ازین دست
شد گرم و ز بارگی فروجست

در پای رضای زاهد افتاد
می‌کرد دعا و بوسه می‌داد

خرسند همیشه نازنین است
خرسندی را ولایت این است

مجنون ز نشاط این فسانه
برجست و نشست شادمانه

دل داد به دوستان زمانی
پرسید ز هرکسی نشانی

وآن‌گاه گرفت گریه در پیش | پرسید ز حال مادر خویش
کان مرغ شکسته‌بال چون است؟ | کارش چه رسید و حال چون است؟
با اینکه ازو سیاه‌رویم | هم هندوکِ سیاهِ اویم
رنجورتن است یا تنومند؟ | هستم به جمالش آرزومند؟
چون دید سلیم کآن جگر ریش | دارد سرِ مهرِ مادرِ خویش
بی‌کان نگذاشت گوهرش را | آورد ز خانه مادرش را

دیدن مادر، مجنون را

مادر چو ز دور در پسر دید | الماس شکسته در جگر دید
دید آن گل سرخ زرد گشته | وآن آینه زنگ‌خورد گشته

***

اندام تنش شکسته شد خرد | ز اندیشهٔ او به دست و پا مرد
گه شست به آب دیده رویش | گه کرد به شانه جعد مویش
سر تا قدمش به مهر مالید | بر هر ورمی به درد نالید
می‌برد به هر کناره‌ای دست | گه آبله سود و گه ورم بست
گه شست سر پر از غبارش | گه کند ز پای خسته خارش
چون کرد ز روی مهربانی | با او ز تلطّف آنچه دانی
گفت ای پسر این چه ترک‌تازی‌ست؟ | بازی‌ست، چه جای عشق‌بازی‌ست؟
تیغ اجل این‌چنین دودستی | وآن‌گه تو کنی هنوز مستی؟
بگذشت پدر شکایت‌آلود | من نیز گذشته گیر هم زود
برخیز و بیا به خانهٔ خویش | بر هم مزن آشیانهٔ خویش

گر زان که وحوش یا طیورند / تا شب همه ز آشیانه دورند
چون شب به نشانهٔ خود آید / هر مرغ به خانهٔ خود آید
از خلق نهفته چند باشی؟ / ناسوده نخفته چند باشی؟
روزی دو که عمر هست بر جای / بر بستر خود دراز کن پای
چندین چه نهی به گرد هر غار / پا بر سر مور یا دم مار؟
ماری زده گیر بی‌امانت / موری شده گیر میهمانت
جان است، نه سنگریزه، بنشین / با جان مکن این ستیزه، بنشین
جان و دل خود به غم مرنجان / نه سنگدلی، نه آهنین‌جان
مجنون ز نفیرهای مادر / افروخت چه شعله‌های آذر
گفت ای قدم تو افسر من / رنج صدف تو گوهر من

***

گر زان که مرا به عقل ره نیست / دانی که مرا در این گنه نیست
کار من اگر چنین بد افتاد / این کار مرا نه از خود افتاد
کوشیدن ما کجا کند سود؟ / کاین کار، فتاده بودنی بود
عشقی به چنین بلا و زاری / دانی که نباشد اختیاری
تو در پی آن که مرغ جانم / از قالب این قفس رهانم
در دام کشی مرا دگربار / تا در دو قفس شوم گرفتار
دعوت مکنم به خانه بردن / ترسم ز وبال خانه مردن

***

در خانه منِ ز ساز رفته / بازآمده گیر و بازرفته

گفتی که ز خانه ناگزیر است
این نرد نه نرد، خانه‌گیر است

بگذار مرا تو در چنین درد
من درد زدم تو بازپس گرد

این گفت و چو سایه در سر افتاد
در بوسهٔ پای مادر افتاد

زآنجا که نداشت پاس رایش
بوسید به عذر، خاک پایش

کردش به وداع و شد در آن دشت
مادر بگرست و بازپس گشت

همچون پدرش جهان به سر برد
او نیز در آرزوی او مرد

***

این عهدشکن که روزگار است
چون برزگرانِ تخم‌کار است

کارد دو سه تخم را به آغاز
چون کِشته رسید، بِدرَوَد باز

افروزد هر شبی چراغی
بر جان نهدش ز دود داغی

چون صبح دمد، بر او دمد باد
تا میرد ازو چنان‌که زو زاد

گردون که طلسم داغ‌سازی‌ست
با ما به همان چراغ‌بازی‌ست

تا در گره فلک بوَد پای
هرجا که رَوی، گره بود جای

آن‌گه شود این گره گشاده
کز چار فَرَس شوی پیاده

چون رشتهٔ جان شو از گره پاک
چون رشتهٔ تب مشو گِرِهناک

گر عود کند گره‌نمایی
تو نافه شو از گره‌گشایی

آگاهی مجنون از وفات مادر

چون شاهسوار چرخ گردان
میدان بستد ز هم‌نبردان

خورشید ز بیم اهل آفاق
قرّابهٔ می نهاد بر طاق

صبح از سر شورشی که انگیخت
قَرّابه شکست و می برون ریخت

لیلی و مجنون

مجنون به همان قصیده‌خوانی ... می‌زد دهل جریده‌رانی
می‌راند جریده بر جریده ... می‌خواند قصیده بر قصیده
از مادر خود خبر نبودش ... کآمد اجل از جهان ربودش
یک بار دگر سلیم دلدار ... آمد بر آن غریب غمخوار
دادش خورش و لباس پوشید ... ماتم‌زدگانه برخروشید
کآن پیرزن بلارسیده ... دور از تو به هم نهاد دیده
رخت از بنگاه این سرا برد ... در آرزوی تو چون پدر مرد
مجنون ز رحیل مادر خویش ... زد دست دریغ بر سر خویش
نالید چنان‌که در سحر چنگ ... افتاد چنان‌که شیشه در سنگ
می‌کرد ز مادر و پدر یاد ... شد بر سر خاکشان به فریاد
بر تربت هر دو زار نالید ... در مشهد هر دو روی مالید
گه روی درین و گه دران سود ... دارو پس مرگ کی کند سود؟
خویشان چو خروش او شنیدند ... یک یک ز قبیله می‌دویدند
دیدند ورا بدان نزاری ... افتاده به خاک بر به خواری
خونابه ز دیدگان گشادند ... در پایِ فتاده، درفتادند
هر دیده ز روی سست‌خیزی ... می‌کرد بر او گلاب‌ریزی
چون هوش‌رمیده گشت هشیار ... دادند بر او درود بسیار
کردند به بازبردنش جهد ... تا با وطنش کنند هم‌عهد
آهی زد و راه کوه برداشت ... رخت خود ازان گروه برداشت
می‌گشت به گرد کوه و هامون ... دل پرجگر و جگر پر از خون

مشتی ددکان فتاده از پس — نه یار کس و نه یار او کس
سجّاده برون فکند ازان دیر — زیرا که ندید در شرش خیر
زین عمرِ چو برق پای در راه — می‌کرد چو ابر دست کوتاه
عمری که بناش بر زوال است — یک دم شمر، ار هزار سال است
چون عمر نشان مرگ دارد — با عشوهٔ او که برگ دارد؟
ای غافل از آنکه مردنی هست — و آگه نه که جان‌سپردنی هست
تا کی به خودت غرور باشد؟ — مرگ تو ز برگ دور باشد؟
خود را مگر از ضعیف‌رایی — سنجیده نه‌ای که تا کجایی
هر ذرّه که در مسام ارضی‌ست — او را برِ خویش طول و عرضی‌ست
لیکن برِ کوه قاف‌پیکر — همچون الف است هیچ در بر
بنگر تو چه برگ یا چه شاخی — در مزرعه‌ای بدین فراخی؟
سرتاسر خود ببین که چندی — بر سر فلکی بدین بلندی
بر عمر خود ار بسیچ یابی — خود را ز محیط هیچ یابی
پنداشته‌ای تو را قبولی‌ست؟ — یا در جهت تو عرض و طولی‌ست؟
این پهن و درازی‌اَت به هم هست — در قالب این قوارهٔ پست
چون برگذری ز حدّ پستی — در خود نه گمان بری که هستی
بر خاک نشین و باد مفروش — ننگی چو تو را به خاک می‌پوش
آن ذوق نشد هنوزت از یاد — کز حاجت خلق باشی آزاد

***

تا هست به چون خودی نیازت — با سوز بود همیشه سازت

آنگاه رسی به سربلندی	کایمن شوی از نیازمندی
هان تا سگ نان کس نباشی	یا گربهٔ خوان کس نباشی
چون مشعله دسترنج خود خور	چون شمع همیشه گنج خود خور
تا با تو به سنّت نظامی	سلطان جهان کند غلامی

خواندن لیلی مجنون را

لیلی نه که لُعبت حصاری	دز بانوی قلعهٔ عماری
گشت از دَم یار چون دُم مار	یعنی به هزار غم گرفتار
دلتنگ چو دستگاه یارش	در بسته‌تر از حساب کارش
در حلقهٔ رشتهٔ گِرِهمند	زندانیِ بند گشته بی‌بند
شویش همه‌روزه داشتی پاس	پیرامن دُر شکستی الماس
تا نگریزد شبی چو مستان	در رخنهٔ دیر بت‌پرستان
با او ز خوشیّ و مهربانی	کردی همه‌روزه جان‌فشانی
لیلی ز سر گرفته‌چهری	دیدی سوی او به سردمهری
روزی که نواله بی‌مگس بود	شب زنگی و حجره بی‌عسس بود
لیلی به در آمد از در کوی	مشغول به یار و فارغ از شوی
در رهگذری نشست دلتنگ	دور از ره دشمنان به فرسنگ
می‌جست کسی که آید از راه	باشد ز حدیث یارش آگاه
ناگاه پدید شد همان پیر	کز چاره‌گری نکرد تقصیر
در راه روش چو خضر پویان	هنجارنمای و راه‌جویان
پرسیدش لعبت حصاری	کز کار فلک خبر چه داری؟

آن وحش‌نشین وحشت‌آمیز   بر یاد که می‌کند زبان تیز؟
پیر از سر مهر گفت کای ماه   آن یوسف بی‌تو مانده در چاه
آن قلزمِ نانشسته از موج   وآن ماه جدا فتاده از اوج
آواز گشاده چون منادی   می‌گردد در میان وادی
«لیلی» گویان به هر دو گامی   لیلی جویان به هر مقامی
از نیک و بد خودش خبر نیست   جز بر ره لیلی‌اش گذر نیست
لیلی چو شد آگه از چنین حال   شد سرو بُنَش ز ناله چون نال
از طاقچهٔ دو نرگس جفت   بر سفتِ سمن، عقیق می‌سفت
گفتا منم آن رفیق دل‌سوز   کز من شده روز او بدین روز
از درد نی‌ام به یک زمان فرد   فرق است میان ما در این درد
او بر سر کوه می‌کشد راه   من در بن چاه می‌زنم آه
از گوش گشاد گوهری چند   بوسید و به پیش پیر افکند
کاین را بستان و بازپس گرد   با او نفسی دو، همنفس گرد
نزدیک من آرَش از ره دور   چندان‌که نظر کنم در آن نور
حالی که بیاوری ز راهش   بنشان به فلان نشانه‌گاهش
نزدیک من آی تا من آیم   پنهان به رخش نظر گشایم
بینم که چه آب و رنگ دارد   در وزن وفا چه سنگ دارد
باشد که ز گفته‌های خویشم   خواند دو سه بیت تازه پیشم
گردد گره من اوفتاده   از خواندن بیت او گشاده
پیر آن دُرِ سفته بر کمر بست   زان دُرّ نسفته رخت بربست

دستی سلب خلل ندیده	برد از پی آن سلب دریده
شد کوه به کوه تیز چون باد	گاهی به خراب و گه به آباد
روزی دو سه جستش اندران بوم	و احوال ویاش نگشت معلوم
تا عاقبتش فتاده بر خاک	در دامن کوه یافت غمناک
پیرامن او درنده‌ای چند	خازن شده چون خزینه را بند
مجنون چو ز دور دید در پیر	چون طفل نمود میل بر شیر
زد بر ددگان به تندی آواز	تا سر نکشند سوی او باز
چون وحش جدا شد از کنارش	پیر آمد و شد سپاس دارش
اوّل سر خویش بر زمین زد	وآنگه در عذر و آفرین زد
گفت ای به تو ملک عشق بر پای	تا باشد عشق، باش بر جای

***

لیلی که جمیلهٔ جهان است	در دوستی تو تا به جان است

***

دیری‌ست که روی تو ندیده‌ست	نز لفظ تو نکته‌ای شنیده‌ست
کوشد که یکی دمت ببیند	با تو دو به دو به هم نشیند
تو نیز شَوی به روی او شاد	از بند فراق گردی آزاد
خوانی غزلی دو رامش‌انگیز	بازار گذشته را کنی تیز
نخلستانی‌ست خوب و خوشرنگ	در هم شده همچو بیشهٔ تنگ
بر اوج سپهر سر کشیده	زیرش همه سبزه بر دمیده
میعادگه بهارت آنجاست	آنجاست کلید کارت، آنجاست

لیلی و مجنون

آنگـه سـلبی کـه داشـت در بنـد پوشیـد درو بـه عهـد و سـوگند
مجنـون کمـر موافقـت بسـت از کشمکـش مخالفـت رسـت
پـی بـر پـی او نهـاد و بشـتافت در تشنگـی آب زندگـی یافـت
تشنـه ز فـرات چـون گریـزد؟ بـا غالیـه بـاد چـون سـتیزد؟
بـا او ددگـان بـه عهـد همـراه چـون لشکـر نیک‌عهـد بـا شـاه
اقبـال مطیـع و بخـت مُنقـاد آمـد بـه قرارگـاه میعـاد
بنشسـت بـه زیـر نخـل منظـور آماجگهـی ددان ازو دور
پیـر آمـد و زانچـه کـرد بنیـاد بـا آن بـت خرگهـی خبـر داد
خرگاه‌نشیـن بـت پری‌روی همچـون پریـان پریـد ازان کوی
زان‌سوتـرِ یـار خـود بـه ده گام آرام گرفـت و رفـت از آرام
فرمـود بـه پیـر کـای جوانمـرد زیـن بیـش مـرا نمانـد نـاورد
زین‌گونـه کـه شـمع می‌فـروزم گـر پیشترک رَوَم، بسـوزم

***

زیـن بیـش قـدم زدن هـلاک اسـت در مذهـب عشـق عیبنـاک اسـت
زان حـرف کـه عیبنـاک باشـد آن بـه کـه جریـده پـاک باشـد
تـا چـون کـه بـه داوری نشینـم از کـرده خجالتـی نبینـم
او نیـز کـه عاشـق تمـام اسـت زیـن بیـش غـرض بـرو حـرام اسـت
در خـواه کـزان زبـان چـون قنـد تشریـف دهـد بـه بیتکـی چنـد
او خوانَـد بیـت و مـن کنـم گوش او آرَد بـاده، مـن کنـم نـوش
پیـر از سـر آن بهـار نوبـر آمـد بـر آن بهـار دیگـر

دیدش به زمین بر اوفتاده / آرام رمیده، هوش داده

بادی ز دریغ بر دلش راند / آبی ز سرشک بر وی افشاند

چون هوش به مغز او درآمد / با پیر نشست و خوش برآمد

***

کرد آن‌گهی از نَشید آواز / این بیتک چند را سرآغاز

غزل خواندن مجنون نزد لیلی

آیا تو کجا و ما کجاییم؟ / تو زانِ کِه‌ایّ و ما تو راییم؟

ماییم و نوای بی‌نوایی / بسم‌الله اگر حریف مایی

اِفلاس‌خرانِ جان‌فروشیم / خَزپاره‌کن و پلاس‌پوشیم

از بندگیِ زمانه آزاد / غم شاد به ما و ما به غم شاد

تشنه‌جگر و غریق آبیم / شب‌کور و ندیم آفتابیم

گمراه و سخن ز ره‌نمایی / در دِه نه و لاف کدخدایی

دِه‌رانده و دهخدای‌نامیم / چون ماه به نیمه‌ای تمامیم

بی‌مهره و دیده، حقّه‌بازیم / بی‌پا و رکیب، رخش‌تازیم

جز در غم تو قدم نداریم / غمدار توییم و غم نداریم

در عالم اگرچه سست‌خیزیم / در کوچگهِ رحیل، تیزیم

گویی که بمیر در غمم زار / هستم ز غم تو اندرین کار

آخر به زنم به وقت حالی / بر طبل رحیل خود دوالی

گرگ از دمه گر هراس دارد / با خود نمد و پلاس دارد

شب‌خوش مکنم که نیست دلکش / بی‌تو شب ما و آن‌گهی خوش؟

نا آمده رفتن، این چه ساز است؟ ناکِشته درودن، این چه راز است؟

***

با جان منت قدم نسازد یعنی که دو جان به هم نسازد
تا جان نرود ز خانه بیرون نایی تو از این بهانه بیرون
جانی به هزار بارنامه معزول کنش ز کارنامه
جانی به از این به یار درده پایی به از این به کار درنه
هر جان که نه از لب تو آید آید به لب و مرا نشاید
وآن جان که لب تواَش خزانه‌ست گنجینهٔ عمر جاودانه‌ست
بسیار کسان تو را غلامانند امّا نه چو من مطیع نامانند
تا هست ز هستی تو یادم آسوده و تندرست و شادم
وآن‌گه که ز دل نیارمت یاد باشم به دلی که دشمنت باد
زین پس تو و من، من و تو زین پس یک دل به میان ما دو تن بس
وآن دل، دلِ تو، چنین صواب است یعنی دل من دلی خراب است
صبحی تو و با تو زیست نتوان الّا به یکی دل و دو صد جان
در خود کشمت که رشته یکتاست تا این دو عدد شود یکی راست
چون سکّهٔ ما یگانه گردد نقش دویی از میانه گردد
بادام که سکّه نغز دارد یک تن بود و دو مغز دارد
من با تواَم، آنچه مانده بر جای کفشی‌ست برون فتاده از پای
آنچ آنِ من است، با تو نور است دورم من از آنچه از تو دور است
تن کیست که اندرین مقامش بر سکّهٔ تو زنند نامش؟

سر، نُزل غم تو را نشاید	زیر علم تو را نشاید
جانی‌ست جریده در میان چست	وآن نیز نه با من است، با توست
تو سگدل و پاسبانت سگروی	من خاک ره سگان آن کوی
سگبانی تو همی‌گزینم	در جنب سگان ازان نشینم
یعنی ددگان مرا به دنبال	هستند سگان تیزچنگال

***

تو با زر و با دِرَم همه سال	خالت درم و زر است خلخال
تا خال درموش تو دیدم	خلخال تو را درم‌خریدم
ابر از پی نوبهار بگریست	مجنون ز پی تو زار بگریست
چرخ از رخ مه جمال گیرد	مجنون به رخ تو فال گیرد
هندوی سیاه پاسبان است	مجنون به بر تو همچنان است
بلبل ز هوای گل به گرد است	مجنون ز فراق تو به درد است
خلق از پی لعل می‌کند کان	مجنون ز پی تو می‌کند جان
یا رب، چه خوش اتّفاق باشد	گر با مَنَت اشتیاق باشد
مهتاب شبی چو روز روشن	تنها من و تو میان گلشن
من با تو نشسته گوش در گوش	با من تو کشیده نوش در نوش
در بر کشمت چو رود در چنگ	پنهان کنمت چو لعل در سنگ
گردم ز خمار نرگست مست	مستانه کشم به سنبلت دست
برهم شکنم شکنج گیسوت	تا گوش کشم کمان ابروت
با نار برت نشست گیرم	سیب زنخت به دست گیرم

گه نار تو را چو سیب سایم — گه سیب تو را چو نار خایم
گه زلف برافکنم به دوشت — گه حلقه برون کنم ز گوشت
گاه از قصبت صحیفه شویم — گه با رطبت بدیهه گویم
گه گرد گلت بنفشه کارم — گاهی ز بنفشه گل برآرم
گه در بر خود کنم نشستت — گه نامهٔ غم دهم به دستت

***

یار اکنون شو که عمر یار است — کار است به وقت و وقت کار است
چشمه منما چو آفتابم — مفریب ز دور چون سرابم

***

از تشنگی جمالت ای جان — جو جو شده‌ام چو خالت ای جان

***

یک جو ندهی دلم درین کار — خوناب دلم دهی به خروار
غم خوردن بی‌تو می‌توانم — می خوردن با تو نیز دانم

***

در بزم تو می خجسته‌فال است — یعنی به بهشت می حلال است

***

این گفت و گرفت راه صحرا — خون در دل و در دماغ صفرا
وآن سرو رونده زان چمنگاه — شد روی‌گرفته سوی خرگاه

آشنا شدن سلام بغدادی با مجنون

دانای سخن چنین کند یاد — کز جملهٔ منعمان بغداد

عاشق پسری بُد آشناروی / یک موی نگشته از یکی موی
هم سیل بلا بدو رسیده / هم سیلی عاشقی چشیده
دُردی‌کش عشق و دَردپیمای / اندوه‌نشین و رنج‌فرسای
گیتیش «سلام» نام کرده / و اقبال بدو سلام کرده
در عالم عشق گشته چالاک / در خواندن شعرها هوسناک
چون از سر قصّه‌های دُرپاش / شد قصّهٔ قیس در جهان فاش
در هر طرفی ز طبع پاکش / خواندند نسیب دردناکش
هر غمزده‌ای که شعر او خواند / آن ناقه که داشت سوی او راند
چون شهر به شهر تا به بغداد / آوازهٔ عشق او درافتاد
از سحر حلال او ظریفان / کردند سماع با حریفان
افتاد سلام را کزان خاک / آید به سلام آن هوسناک
بربست بُنه به ناقه‌ای چست / بگشاد زمام ناقه را سست
در جستن آن غریب دلتنگ / در بادیه راند چند فرسنگ
پرسید نشان و یافتش جای / افتاده برهنه فرق تا پای
پیرامنش از وحوش جوقی / حلقه شده بر مثال طوقی
او کرده ز راه شوق و زاری / زان حلقه حساب طوق‌داری
چون دید که آید از ره دور / نزدیک وی آن جوان منظور
زد بانگ بر آن سباع هایل / تا تیغ کنند در حمایل
چون یافت سلام ازو قیامی / دادش ز میان جان سلامی
مجنون ز خوشامد سلامش / بنمود تقرّبی تمامش

کردش به جواب خود گرامی / پرسیدش کز کجا خرامی؟
گفت ای غرض مرا نشانه / و آوارگی مرا بهانه
آیم برِ تو ز شهر بغداد / تا از رخ فرّخت شوم شاد
غربت ز برای تو گزیدم / کابیات غریب تو شنیدم
چون کرد مرا خدای روزی / روی تو بدین جهان‌فروزی

***

زین پس من و خاک‌بوس پایت / گردن نکشم ز حکم و رایت
دم بی‌نفس تو برنیارم / در خدمت تو نفس شمارم
هر شعر که افکنی تو بنیاد / گیرم منش از میان جان یاد
چندان سخن تو یاد گیرم / کآموده شود بدو ضمیرم
گستاخ‌ترم به خود رها کن / با خاطر خویشم آشنا کن
می‌ده ز نشید خود سماعم / پندار یکی از این سباعم
بنده شدن چو من جوانی / دانم که نداردت زیانی
من نیز به سنگ عشق سودم / عاشق شده، خواری آزمودم

پاسخ مجنون به سلام بغدادی

مجنون چو هلال در رخ او / زد خنده و داد پاسخ او
کای خواجهٔ خوب نازپرورد / ره پر خطر است، بازپس گرد
نه مرد منی، اگرچه مردی / کز صد غمِ من، یکی نخوردی
من جز سرِ دام و دد ندارم / نه پای تو، پای خود ندارم
ما را که ز خوی خود ملال است / با خوی تو ساختن محال است

از صحبت من تو را چه خیزد؟	دیو از من و صحبتم گریزد

***

من وحشی‌ام و تو اِنس جویی	آن نوع طلب که جنس اویی
چون آهن اگر حمول گردی	ز آه چو منی ملول گردی
گر آب شوی به جان‌نوازی	با آتش من شبی نسازی

***

با من تو نگنجی اندرین پوست	من خودکُشم و تو خویشتن‌دوست
بگذار مرا در این خرابی	کز من دم همدمی نیابی
گر در طلبم رهی بریدی	ای من رهی‌اَت که رنج دیدی
چون یافتی‌ام غریب و غمخوار	«اللهُ مَعَک» بگوی و بگذار
ترسم چو به لطف برنخیزی	از رنج ضرورتی گریزی
در گوش سلام آرزومند	پذرفته نشد حدیث آن پند
گفتا به خدای اگر بکوشی	کز تشنه زلال را بپوشی
بگذار که از سر نیازی	در قبلهٔ تو کنم نمازی
گر سهو شود به سجده راهم	در سجدهٔ سهو عذر خواهم
مجنون بگذاشت از بسی جهد	تا عهده به سر برد در آن عهد
بگشاد سلام سفرهٔ خویش	حلوا و کلیچه ریخت در پیش
گفتا بگشای چهر با من	نانی بشکن به مهر با من
ناخوردنت ارچه دلپذیر است	زین یک‌دو نواله ناگزیر است
مرد ارچه به طبع، مرد باشد	نیروی تنش به خورد باشد

گفتا من از این حساب فردم   کآن را که غذاخور است، خوردم
نیروی کسی به نان و حلواست   کاو را به وجود خویش پرواست
چون من ز نهاد خویش پاکم   کی بی‌خورشی کند هلاکم؟
چون دید سلام کان جگرسوز   نه خُسبَد و نه خورَد شب و روز
نه روی بَرَد به هیچ کویی   نه صبر کند به هیچ رویی
می‌داد دلش ز دل‌نوازی   کآن به که در این بلا بسازی
دائم دل تو حزین نماند   یکسان فلک این‌چنین نماند
گردنده فلک، شتاب‌گرد است   هر دم ورقیش در نورد است
تا چشم به هم نهاده گردد   صد در ز فرج گشاده گردد
زین غم به اگر غمین نباشی   تا پی‌سپر زمین نباشی
به گردی اگرچه دردمندی   چندان‌که گریستی، بخندی
من نیز چو تو شکسته بودم   دل‌خسته و پای‌بسته بودم
هم فضل و عنایت خدایی   دادم ز چنان غمی رهایی
فرجام شَوی تو نیز خاموش   وین واقعه را کنی فراموش
این شعله که جوش مهربانی‌ست   از گرمی آتش جوانی‌ست
چون درگذرد جوانی از مرد   آن کورهٔ آتشین شود سرد
مجنون ز حدیث آن نکورای   از جای نشد، ولی شد از جای
گفتا چه گمان بری که مستم؟   یا شیفته‌ای هواپرستم؟
شاهنشه عشقم از جلالت   نابرده ز نفس خود خجالت
از شهوت عذرهای خاکی   معصوم شده به غسل پاکی

زآلایـش نفـس بـاز رسـته	بـازار هـوای خـود شکسـته
عشـق اسـت خلاصـهٔ وجـودم	عشـق آتـش گشـت و مـن چـو عـودم
عشـق آمـد و خـاص کـرد خانـه	مـن رخـت کشـیدم از میانـه
بـا هسـتی مـن کـه در شـمار اسـت	مـن نیسـتم، آنچـه هسـت یـار اسـت
کـم گـردد عشـق مـن دریـن غـم	گـر انجـم آسـمان شـود کـم
عشـق از دل مـن تـوان سـتردن	گـر ریـگ زمیـن تـوان شـمردن
در صحبـت مـن چـو یافتـی راه	مـی‌دار زبـان ز عیـب کوتـاه
در قامـت حـال خویـش بنگـر	از طعـن محـال خویـش بگـذر

✳✳✳

زیـن‌گونـه گزارشـی عجـب کـرد	زان حـرف، حریـف را ادب کـرد
چـون حِرفـت او حریـف بشـناخت	حرفـی بـه خطـا دگـر نینداخـت
گسـتاخ‌سخـن مبـاش بـا کـس	تـا عـذر سـخن نخواهـی از پـس
گـر سـخت بـوَد کمـان و گـر سسـت	گسـتاخ کشـیدن آفـت توسـت
گـر سسـت بـوَد، ملالـت آرد	ور سـخت بـوَد، خجالـت آرد
مجنـون و سـلام، روزکـی چنـد	بودنـد بـه هـم بـه راه پیونـد
آن تحفـه کـه در میانـه می‌رفـت	چـون دُر غـزلی روانـه می‌رفـت
هـر بیـت کـه گفتـی آن جهان‌گـرد	بـر یـاد گرفتـی آن جوانمـرد
مجنـون ز ره ضعیف‌حالـی	بـود از همـه خـواب و خـورد خالـی
بیچـاره سـلام را در آن درد	نـز خـواب گزیـر بـود، نـز خـورد
چـون سـفره تهـی شـد از نوالـه	مهمـان بـه وداع شـد حوالـه

کرد از سر عاجزی وداعش
بگذاشت میان آن سباعش

زان مرحله رفت سوی بغداد
بگرفته بسی قصیده بر یاد

هرجا که یکی قصیده خواندی
هوش شنونده خیره ماندی

وفات یافتن ابن سلام، شوهر لیلی

هر نکته که بر نشان کاری‌ست
در وی به ضرورت اختیاری‌ست

در جنبش هرچه هست موجود
درجی‌ست ز درج‌های مقصود

کاغذ ورق دوروی دارد
کآماجگه از دو سوی دارد

زین‌سوی ورق‌شمارِ تدبیر
زان‌سوی دگر حساب تقدیر

کم یابد کاتب قلم راست
آن هر دو حساب را به هم راست

بس گل که تو گل کنی شمارش
بینی به گزند خویش خارش

بس خوشهٔ حِصرِم از نمایش
کانگور بود به آزمایش

بس گرسنگی که سستی آرد
در هاضمه تندرستی آرد

بر وفق چنین خلاف‌کاری
تسلیم به از ستیزه‌کاری

القصّه، چو قصّه این چنین است
پندار که سرکه انگبین است

***

لیلی که چراغ دلبران بود
رنج خود و گنج دیگران بود

گنجی که کشیده بود ماری
از حلقه به گرد او حصاری

گرچه گهری گران‌بها بود
چون مه به دهان اژدها بود

می‌زیست در آن شکنجهٔ تنگ
چون دانهٔ لعل در دل سنگ

می‌کرد به چابکی شکیبی
می‌داد فریب را فریبی

شویش همه‌روزه پاس می‌داشت — می‌خورد غم و سپاس می‌داشت
در صحبت او بت پری‌زاد — مانند پری به بند پولاد
تا شوی برش نبود، نالید — چون شوی رسید، دیده مالید
تا صافی بود، نوحه می‌کرد — چون دُرد رسید، دَرد می‌خورد
می‌خواست کزان غم آشکارا — گِریَد نفسی، نداشت یارا
ز اندوه نهفته جان بکاهد — کاهیدن جان خود که خواهد؟
از حشمت شوی و شرم خویشان — می‌بود چو زلف خود پریشان
بیگانه چو دور گشتی از راه — برخاستی از ستون خرگاه
چندان بگریستی بر آن جای — کز گریه دراوفتادی از پای
چون بانگ پی آمدی به گوشش — ماندی به شکنجه در خروشش
چون شمع به چابکی نشستی — وآن گریه به خنده درشکستی
این بی‌نمکی فلک همی‌کرد — وآن خوش‌نمک این جگر همی‌خورد
تا گردش دور بی‌مدارا — گردش عمل خود آشکارا
شد شوی وی از دریغ و تیمار — دور از رخ آن عروس، بیمار
افتاد مزاج از استقامت — رفت ابن سلام را سلامت
در تن، تبِ تیز کارگر شد — تابش به ره دماغ بر شد
راحت ز مزاج رخت بربست — قَرّابهٔ اعتدال بشکست
قاروره‌شناس نبض بفشرد — قاروره شناخت، رنج او برد
می‌داد به لطف سازگاری — در تربیت مزاج یاری
تا دور شد از مزاج سستی — پیدا شد راه تندرستی

بیمار چو اندکی بهی یافت	در شخص نزار فربهی یافت
پرهیز نکرد از آنچه بد بود	وآن کرده، نه برقرار خود بود
پرهیز، نه دفع یک گزند است	در راحت و رنج سودمند است
در راحت ازو ثبات یابند	وز رنج بدو نجات یابند
چون وقت بهی دران تب تیز	پرهیزشکن شکست پرهیز
تب باز ملازم نَفَس گشت	بیماریِ رفته، بازپس گشت
آن تن که به زخم اوّل افتاد	زخم دگرش به باد بر داد
وآن گل که به آب اوّل آلود	آبی دگرش رسید و پالود

***

یک زلزله از نخست برخاست	دیوار دریده شد، چپ و راست
چون زلزلهٔ دگر برآمد	دیوار شکسته بر سر آمد
روزی دو سه آن جوان رنجور	می‌زد نفسی ز عافیت دور
چون شد نفسش به سینه در تنگ	زد شیشهٔ باد بر سر سنگ
افشاند چو باد بر جهان دست	جانش ز شکنجهٔ جهان رست
او رفت و رَویم و کس نماند	وامی که جهان دهد، ستاند
از وام جهان اگر گیاهی‌ست	می‌ترس که شوخ وام‌خواهی‌ست
می‌کوش که وام او گزاری	تا بازرهی ز وام‌داری
منشین که نشستن اندرین وام	مسمار تن است و میخ اندام
بر گوهر خویش بشکن این دُرج	بر پر چو کبوتران ازین برج
کاین هفت خدنگ چار بیخی	وین نُه سپرِ هزار میخی

با حربهٔ مرگ اگر ستیزند		افتند چنان‌که برنخیزند
هر صبح کز این رواق دلکش		در خرمن عالم افتد آتش
هر شام کز این خم گل‌آلود		بر خنبرهٔ فلک شود دود
تعلیم‌گر تو شد که اینجای		آتشکده‌ایست دودپیمای

***

لیلی ز فراق شوی بی‌کام		می‌جست ز جا، چو گور از دام
از رفتنش ارچه سود سنجید		با این‌همه، شوی بود، رنجید
می‌کرد ز بهر شوی فریاد		و آورده نهفته دوست را یاد
از محنت دوست موی می‌کند		امّا به طفیل شوی می‌کند
اشک از پی دوست دانه می‌کرد		شویِ شده را بهانه می‌کرد
بر شوی ز شیونی که خواندی		در شیوهٔ دوست نکته راندی
شویش ز برونِ پوست بودی		مغزش همه دوست‌دوست بودی
رسم عرب است کز پسِ شوی		ننماید زن به هیچ‌کس روی
سالی دو به خانه در نشیند		او در کس و کس درو نبیند
نالد به تضرّعی که داند		بیتی به مراد خویش خواند
لیلی به چنین بهانه، حالی		خرگاه ز خلق کرد خالی
بر قاعدهٔ مصیبت شوی		با غم بنشست روی در روی
چون یافت غریو را بهانه		برخاست صبوری از میانه
می‌برد به شرط سوگواری		بر هفت فلک خروش و زاری
شوریدگی‌ای دلیر می‌کرد		خود را به تپانچه سیر می‌کرد

می‌زد نفسی چنان که می‌خواست — خوف و خطرش ز راه برخاست

صفت رسیدن خزان و درگذشتن لیلی

شرط است که وقت برگ‌ریزان — خونابه شود ز برگ ریزان

خونی که بود درون هر شاخ — بیرون چکد از مسام سوراخ

قارورهٔ آب سرد گردد — رخسارهٔ باغ زرد گردد

شاخ آبلهٔ هلاک یابد — زر جوید برگ و خاک یابد

نرگس به جمازه برنهد رخت — شمشاد درافتد از سر تخت

سیمای سمن شکست گیرد — گل نامهٔ غم به دست گیرد

بر فرق چمن کُلالهٔ خاک — پیچیده شود چو مار ضحّاک

چون باد مخالف آید از دور — افتادن برگ هست معذور

کآنان که ز غرقگه گریزند — ز اندیشهٔ باد رخت ریزند

نازک‌جگران باغ رنجور — شیرین‌نمکان تاک مخمور

انداخته هندوی کدیور — زنگی‌بچگان تاک را سر

سرهای تهی ز طرّهٔ کاخ — آویخته هم به طرّهٔ شاخ

سیب از زنخی بدان نگونی — بر نار، زنخ‌زنان که چونی؟

نار از جگر کفیدهٔ خویش — خونابه چکانده بر دل ریش

بر پسته که شد دهن‌دریده — عنّاب ز دور لب گزیده

***

در معرکهٔ چنین خزانی — شد زخم‌رسیده گلستانی

لیلی ز سریر سربلندی — افتاد به چاه دردمندی

شد چشم‌زده بهار باغش | زد باد تپانچه بر چراغش
آن سر که عصابه‌های زر بست | خود را به عصابهٔ دگر بست
گشت آن تن نازک قصب‌پوش | چون تار قصب ضعیف و بی‌توش
شد بدر مهیش، چون هلالی | وآن سرو سهیش چون خیالی
سودای دلش به سر درآمد | سرسام سرش به دل برآمد
گرمای تموز ژاله را برد | باد آمد و برگ لاله را برد

***

تبلرزه شکست پیکرش را | تبخاله گزید شکّرش را
بالین طلبید زادسروَش | وز سرو فتاده شد تذروَش
افتاد چنان‌که دانه از کشت | سربند قصب به رخ فروهشت
بر مادر خویش راز بگشاد | یکباره درِ نیاز بگشاد
کای مادر مهربان چه تدبیر؟ | کآهو بره زهر خورد یا شیر
در کوچگه اوفتاد رختم | چون سست شدم، مگیر سختم
خون می‌خورم این چه مهربانی‌ست؟ | جان می‌کنم این چه زندگانی‌ست؟
چندان جگر نهفته خوردم | کز دل به دهن رسید دردم
چون جان ز لبم نفس گشاید | گر راز گشاده گشت، شاید
چون پرده ز راز برگرفتم | بدرود که راه درگرفتم
در گردنم آر دست یک‌بار | خون من و گردن تو، زنهار
کآن لحظه که جان سپرده باشم | وز دوری دوست مرده باشم
سُرمَم ز غبار دوست درکش | نیلم ز نیاز دوست برکش

فرقم ز گلاب اشک تر کن / عطرم ز شمامهٔ جگر کن
بربند حنوطم از گل زرد / کافور فشانم از دم سرد
خون کن کفنم که من شهیدم / تا باشد رنگ روز عیدم
آراسته کن عروس‌وارم / بسپار به خاک پرده دارم
آوارهٔ من چو گردد آگاه / کآواره شدم من از وطن‌گاه
دانم که ز راه سوگواری / آید به سلام این عماری
چون بر سر خاک من نشیند / مه جوید، لیک خاک بیند
بر خاک من آن غریبِ خاکی / نالد به دریغ و دردناکی
یار است و عجب عزیز یار است / از من به برِ تو یادگار است
از بهرِ خدا نکوش داری / در وی نکنی نظر به خواری
آن دل که نیابی‌اش، بجویی / وآن قصّه که دانی‌اش، بگویی
من داشته‌ام عزیزوارش / تو نیز چو من عزیز دارش
گو لیلی ازین سرای دلگیر / آن لحظه که می‌برید زنجیر
در مهر تو تن به خاک می‌داد / بر یاد تو جان پاک می‌داد
در عاشقی تو صادقی کرد / جان در سر کار عاشقی کرد
احوال چه پُرسی‌ام که چون رفت؟ / با عشق تو از جهان برون رفت
تا داشت در این جهان شماری / جز با غم تو نداشت کاری
وآن لحظه که در غم تو می‌مرد / غم‌های تو راه‌توشه می‌برد
و امروز که در نقاب خاک است / هم در هوس تو دردناک است
چون منتظران درین گذرگاه / هست از قِبَل تو چشم بر راه

می‌پاید تا تو در پی آیی — سر باز پس است تا کی آیی
یک ره برهان از انتظارش — دَرخَز به خزینهٔ کنارش

***

این گفت و به گریه دیده‌تر کرد — و آهنگ ولایت دگر کرد
چون راز نهفته بر زبان داد — جانان طلبید و زود جان داد
مادر که عروس را چنان دید — آیا که قیامت آن زمان دید؟
معجر ز سر سپید بگشاد — موی چو سمن به باد برداد
در حسرت روی و موی فرزند — بر میزد و موی و روی می‌کند
هر مویه که بود خواندش از بر — هر موی که داشت کندش از سر
پیرانه گریست بر جوانیش — خون ریخت بر آب زندگانیش
گه ریخت سرشک بر سَرینش — گه روی نهاد بر جبینش
چندان ز سرشک‌هاش خون رست — کآن چشمهٔ آب را به خون شست
چندان ز غمش به مهر نالید — کز نالهٔ او سپهر نالید
آن نوحه که خون شود بدو سنگ — می‌کرد بر آن عقیق گلرنگ
مه را ز ستاره طوق بربست — صندوق جگر هم از جگر بست
آراستش آن‌چنان که فرمود — گل را به گلاب و عنبر آلود
بسپرد به خاک و نامدش باک — کآسایش خاک هست در خاک
خاتون حصار شد حصاری — آسود غم از خزینه‌داری

زاری کردن مجنون در مرگ لیلی

طغراکش این مثال مشهور — بر شقّه چنان نبشت منشور

کز حادثهٔ وفات آن ماه / چون قیس شکسته‌دل شد آگاه
گریان شد و تلخ تلخ بگریست / بی‌گریهٔ تلخ در جهان کیست؟

***

آمد سوی آن حظیره جوشان / چون ابر شد از درون خروشان
بر مشهد او که موج خون بود / آن سوخته‌دل مپرس چون بود
از دیده چو خون سرشک‌ریزان / مردم ز نفیر او گریزان
در شوشهٔ تربتش به صد رنج / پیچید چنان‌که مار بر گنج
از بس که سرشک لاله‌گون ریخت / لاله ز گیاه گورش انگیخت
خوناب جگر چو شمع پالود / بگشاد زبان آتش‌آلود

***

وآن‌گاه به دخمه سر فروکرد / می‌گفت و همی‌گریست از درد
کای تازه گل خزان رسیده / رفته ز جهان، جهان ندیده

***

چونی ز گزند خاک، چونی؟ / در ظلمت این مغاک، چونی؟
آن خال چو مشک‌دانه چون است؟ / وآن چشمک آهوانه چون است؟
چون است عقیق آبدارت؟ / وآن غالیه‌های تابدارت؟
نقشت به چه رنگ می‌طرازند؟ / شمعت به چه طشت می‌گدازند؟
بر چشم که جلوه می‌نمایی؟ / در مغز که نافه می‌گشایی؟
سروت به کدام جویبار است؟ / بزمت به کدام لاله‌زار است؟
چونی ز گزنده‌های این خار؟ / چون می‌گذرانی اندر این غار؟
در غار همیشه جای مار است / ای ماه! تو را چه جای غار است؟

بر غار تو غم خورم که یاری	چون غم نخورم که یار غاری؟
هم گنج شدی که در زمینی	گر گنج نه‌ای، چرا چنینی؟
هر گنج که در درون غاری‌ست	بر دامن او نشسته ماری‌ست
من مار کز آشیان برنجم	بر خاک تو پاسبان گنجم
شوریده بُدی چو ریگ در راه	آسوده شدی چو آب در چاه
چون ماه، غریبی‌ات نصیب است	از مَه نه غریب، اگر غریب است
در صورت اگر ز من نهانی	از راه صفت درون جانی
گر دور شدی ز چشم رنجور	یک چشمزد از دلم نه‌ای دور
گر نقش تو از میانه برخاست	اندوه تو جاودانه بر جاست

***

این گفت و نهاد دست بر دست	چرخی زد و دستبند بشکست
برداشت ره ولایت خویش	مشتی ددگانش از پس و پیش
در رقص رحیل ناقه می‌راند	بر حسب فراق بیت می‌خواند
در گفتن حالت فراقی	حرفی ز وفا نماند باقی
می‌داد به گریه ریگ را رنگ	می‌زد سری از دریغ بر سنگ
بر رهگذری نماند خاری	کز ناله نزد بر او شراری
در هیچ رهی نماند سنگی	کز خون خودش نداد رنگی
چون سخت شدی ز گریه کارش	برخاستی آرزوی یارش
از کوه درآمدی چو سیلی	رفتی سوی روضه‌گاه لیلی
سر بر سر خاک او نهادی	بر خاک هزار بوسه دادی

با تربت آن بت وفادار گفتی غم دل به زاری زار
او بر سر شغل و محنت خویش وآن دام و دد ایستاده در پیش
او زمزم گشته ز آب دیده و ایشان حرمی در او کشیده
چشم از ره او جدا نکردند کس را برِ او رها نکردند
از بیم ددان بدان گذرگاه بر جملهٔ خلق بسته شد راه
تا او نشدی، ز مرغ تا مور کس پی ننهاد گرد آن گور
زین‌سان ورقی سیاه می‌کرد عمری به هوس تباه می‌کرد
روزی دو سه با سگان آن ده می‌زیست چنان‌که مرگ ازو به
گه قبله ز گور یار می‌ساخت گاه از پس گور دشت می‌تاخت
در دیدهٔ مور بود جایش وز گور به گور بود پایش
و آخر چو به کار خویش درماند او نیز رحیل‌نامه برخواند

وفات مجنون بر روضه لیلی

انگشت‌کش سخن‌سرایان این قصّه چنین بَرَد به پایان
کآن سوخته‌خرمن زمانه شد خرمنی از سرشک دانه
دستاس فلک شکست خردش چون خرد شکست، بازبردش
زان حال که بود زارتر گشت بی‌زورتر و نزارتر گشت
جانی ز قدم رسیده تا لب روزی به ستم رسیده تا شب
نالنده ز روی دردناکی آمد سوی آن عروس خاکی
در حلقهٔ آن حظیره افتاد کِشتیش در آب تیره افتاد
غلتید چو مورِ خسته‌کرده پیچید چو مار زخم‌خورده

بیتی دو سه زار زار برخواند | اشکی دو سه تلخ تلخ بفشاند
برداشت به سوی آسمان دست | انگشت گشاد و دیده بربست
کای خالق هرچه آفریده‌ست | سوگند به هرچه برگزیده‌ست
کز محنت خویش وارَهانم | در حضرت یار خود رسانم
آزاد کنم ز سخت‌جانی | و آباد کنم به سخت‌رانی
این گفت و نهاد بر زمین سر | وآن تربت را گرفت در بر
چون تربت دوست در بر آورد | «ای دوست» بگفت و جان برآورد
او نیز گذشت از این گذرگاه | وآن کیست که نگذرد بر این راه؟
راهی‌ست عدم که هرچه هستند | از آفت قطع او نرستند

***

ریشی نه که غورگاه غم نیست | خاریدهٔ ناخن ستم نیست
ای چون خر آسیا کهن‌لنگ | کَهتاب تو روی کهربا رنگ
دوری کن از این خَراسِ گردان | کاو دور شد از خلاص مردان
در خانهٔ سیل‌ریز منشین | سیل آمد، سیل، خیز، منشین
تا پل نشکست بر تو گردون | زین پل بجهان جَمازه بیرون

***

در خاک مپیچ کاو غباری‌ست | با طبع مساز کاو شراری‌ست
بر تارَک قدر خویش نِه پای | تا بر سر آسمان کنی جای
دائم به تو بر جهان نماند | آن را مپرست کآن نماند

آگاهی قبیله مجنون از وفات وی

مجنون ز جهان چو رخت بربست / از سرزنش جهانیان رست
بر مهد عروس خوابنیده / خوابش بربود و بست دیده
ناسود درین سرای پر دود / چون خُفت، «معالغرامه» آسود
افتاده بماند هم بر آن حال / یک ماه و شنیده‌ام که یک سال
وآن یاوگیان رایگان‌گرد / پیرامن او گرفته ناورد
او خفته چو شاه در عماری / و ایشان همه در یتاق‌داری
برگرد حظیره خانه کردند / زان گورگه آشیانه کردند
از بیم درندگان، چپ و راست / آمد شدِ خلق جمله برخاست
نَظّارگی‌ای که دیدی از دور / شوریدن آن ددان چو زنبور
پنداشتی آن غریب خسته / آنجاست به رسم خود نشسته
وآن تیغ‌زنان به قهرمانی / بر شاه کنند پاسبانی
آگاه نه زان که شاه مرده‌ست / بادش کمر و کلاه برده‌ست
وآن جیفهٔ خون به خرج کرده / دُرّی به غبار درج کرده
از زلزله‌های دور افلاک / شد ریخته و فشانده بر خاک
در هیئت او ز هر نشانی / نامانده به جا جز استخوانی
زان گرگ‌سگان استخوان‌خوار / کس را نه به استخوان او کار
چندان‌که ددان بُدند بر جای / ننهاد در آن حرم کسی پای
مردم ز حفاظ با نصیب است / این مردمی از ددان غریب است
شد سال گذشته وآن دد و دام / آواره شدند کام و ناکام

***

دوران چو طلسم گنج بربود — وآن قفل خزینه‌بند فرسود
گستاخ‌روان آن گذرگاه — کردند درون آن حرم راه
دیدند فتاده مهربانی — مغزی شده، مانده استخوانی
چون محرم دیده ساختندش — از راه وفا شناختندش
آوازه روانه شد به هر بوم — شد در عرب این فسانه معلوم
خویشان و گزیدگان و پاکان — جمع آمده جمله دردناکان
رفتند و در او نظاره کردند — تن خسته و جامه پاره کردند
وآن کالبد گهرفشانده — همچون صدف سپید مانده
گَرد صدفش چو دُرزدودند — بازش چو صدف عبیر سودند
او خود چو غبار مشکوَش داشت — از نافهٔ عشق بوی خوش داشت
در گریه شدند سوگواران — کردند بر او سرشک‌باران
شُستند به آب دیده پاکش — دادند ز خاک هم به خاکش
پهلوگه دخمه را گشادند — در پهلوی لیلی‌اش نهادند

***

خفتند به ناز تا قیامت — برخاست ز راهشان ملامت
بودند درین جهان به یک عَهد — خفتند دران جهان به یک مَهد
کردند چنان‌که داشت راهی — بر تربت هر دو روضه‌گاهی
آن روضه که رشک بوستان بود — حاجتگه جمله دوستان بود
هَرک آمدی از غریب و رنجور — در حال شدی ز رنج و غم دور

زان روضه کسی جدا نگشتی | تا حاجت او روا نگشتی

ختم کتاب به نام شروانشاه

شاها، ملکا، جهان‌پناها | یک شاه نه، بل هزار شاها
جمشید یکم به تخت‌گیری | خورشید دوم به بی‌نظیری
شروانشَه کیقبادپیکر | خاقان کبیر ابوالمظفّر
نی شروانشاه، بل جهان‌شاه | کیخسرو ثانی، اَخسِتان شاه
ای ختم قِرانِ پادشاهی | بی‌خاتم تو مباد شاهی

***

روزی که به طالع مبارک | بیرون بری از سپهر تارک
مشغول شوی به شادمانی | وین نامهٔ نغز را بخوانی
از پیکر این عروس فکری | گه گنج بریّ و گاه بکری
آن باد که در پسند کوشی | ز احسنت خودش پرند پوشی
در کردن این‌چنین تفضّل | از تو کرم و ز من توکّل
گرچه دل پاک و بخت فیروز | هستند تو را نصیحت‌آموز
زین ناصح نصرت اِلهی | بشنو دو سه حرف صبحگاهی

***

بر کام جهان، جهان بپرداز | کآن به که تو مانی از جهان باز
ملکی که سزای رایت توست | خود در حرم ولایت توست
داد و دهشت کران ندارد | گر بیش کنی، زیان ندارد
کاری که صلاح دولت توست | در جستن آن مکن عنان سست

از هرچه شکوه تو به رنج است | پرداَزش، اگرچه کان و گنج است
مویی مپسند نارواییی | در رونق کار پادشاییی
دشمن که به عذر شد زبانش | ایمن مشو و ز در برانش
قادر شو و بردبار می‌باش | می می‌خور و هوشیار می‌باش
بازوی تو گرچه هست کاری | از عون خدای خواه، یاری
رای تو اگرچه هست هشیار | رای دگران ز دست مگذار
با هیچ دودل مشو سوی حرب | تا سکّه درست خیزد از ضرب
از صحبت آن کسی بپرهیز | کاو باشد گاه نرم و گه تیز

***

هرجا که قدم نهی فراپیش | بازآمدن قدم بیندیش
تا کار به نُه قدم برآید | گر ده نکنی به خرج شاید
مفرست پیام دادجویان | الّا به زبان راست‌گویان
در قول چنان کن استواری | کایمن شود از تو زینهاری
کس را به خود از رخِ گشوده | گستاخ مکن نیازموده
بر عهد کس اعتماد منمای | تا در دل خود نیابی‌اش جای
مشمار عدوی خُرد را خُرد | خار از رهِ خود چنین توان برد
در گوش کسی میفکن آن راز | کآزرده شوی ز گفتنش باز
آن را که زنی، ز بیخ برکن | وآن را که تو برکشی، میفکن
از هرچه طلب کنی شب و روز | بیش از همه نیکنامی اندوز

***

بر کشتن آن که با زبونی‌ست
تعجیل مکن، اگرچه خونی‌ست

بر دوری کام خویش منگر
کاقبال تواَش درآرد از در

زین جمله فسانه‌ها که گویم
با تو به سخن بهانه جویم

گرنه، دل تو جهان‌خداوند
محتاج نشد به جنس این پند

زان جا که تو راست رهنمایی
نایَد ز تو جز صواب‌رایی

دِرع تو به زیر چرخ گردان
بس باد دعای نیک‌مردان

حِرز تو به وقت شادکامی
بس باشد همّت نظامی

یا رب ز جمال این جهان‌دار
آشوب و گزند را نهان دار

هر در که زند، تو ساز کارش
هرجا که رود، تو باش یارش

بادا همه اولیاش منصور
و اعداش چنان‌که هست، مقهور

این نامه که نامدار وی باد
بر دولت وی خجسته‌پی باد

هم فاتحه‌ایش هست مسعود
هم عاقبتیش باد محمود

انتشارات پارسیان البرز

Kidsocado Publishing House

این مجموعه بسیار نفیس که در دست شما است
با استانداردهایی مانند فونت ساده برای سهولت خواندن ایرانیان
خارج از کشور و طراحی داخلی زیبا و متن کامل
با کوشش و همکاری دو موسسه یعنی
موسسه انتشارات البرز پارسیان در ایران و
خانه انتشارات کیدزوکادو در کانادا
تهیه شده است.
هر دو موسسه با هدف بسیار والای جهانی کردن
آثار شعرا و نویسندگان
ایرانی این فعالیت را ادامه داده
و امیدوارست به زودی
آثار با ارزشی از ادبیات غنی ایران به
خانه‌ها و کتابخانه های شما هدیه دهد.